数字货币与
日常生活

李晶 ◎ 著

上海人民出版社

序 一

伴随着数字化时代的到来，数字货币这一颠覆人们传统观念的新生事物，正日益成为世界各国争先研发的前沿领域，并开始进入人们的日常生活。中共中央在《中华人民共和国国民经济和社会发展第十四个五年规划和 2035 年远景目标纲要》中指出，要"建设现代中央银行制度，完善货币供应调控机制。稳妥推进数字货币研发"。2020 年 8 月，商务部印发的《全面深化服务贸易创新发展试点总体方案》明确要求在京津冀、长三角、粤港澳大湾区及中西部具备条件的试点地区开展数字人民币试点。2021 年伊始，继深圳、苏州之后，数字人民币试点又在北京和成都落地，也在上海开展了内部测试。如今，人们通过数字人民币钱包进行便捷消费、支付已成为现实。可以预见的是，随着数字人民币测试的稳步推进和应用推广，数字人民币必将很快走进千家万户。

翻阅《数字货币与日常生活》，我也真切地感受到，数字货币正悄然走进老百姓的生活。《数字货币与日常生活》一书从学术与实践结合的角度，介绍了数字货币的前世今生，为我们展现了一幕幕数字货币在人们日常生活中的应用场景，展望了数字货币在世界范围内的发展前景。数字货币从何而来？数字货币是什么？支付体验如何？会怎样影响我们的生活？相信读者能够在本书中找到答案。

《数字货币与日常生活》为我校青年教师李晶博士所著。李晶博士在我校完成本科、硕士研究生学业后，又考入上海交通大学凯原法学院，师从郑戈教授攻读博士学位，于2020年完成博士学业后回到母校任教。李晶博士著书瞄准数字货币这一新生事物，着重阐述了数字货币与老百姓日常生活的关系，体现了她紧盯学术前沿的敏锐和对民众需求的关注，虽是探索之作，但勇气可嘉、精神可赞。这也是我为本书作序的缘由。

数字货币被认为是开启数字经济繁荣发展大门的钥匙，不只关乎国计民生，更是国家间在数字经济时代开展合作与竞争的契机。美国前国务卿基辛格曾说："谁掌握了货币铸币权，谁就掌握了世界。"在数字化时代，数字货币的发行与应用正在成为各国金融和贸易竞争的新领域，必将深远影响国际金融和世界经济格局。因此，对数字货币进行研究具有十分重要的理论和实践价值。

数字货币作为一种问世不久的新型货币，涉及信息技术、金融学、货币学、法学、国际贸易等多个学科，还存在诸多理论空白，亟须加强研究。毫无疑问的是，数字货币在为人们生活带来便利的同时，其本身的安全风险不容忽视，在顶层设计、法律保障、平台建设等各方面要未雨绸缪。

正因此，李晶博士撰写的本书不可避免具有一定的局限性，其中的一些观点亦需不断完善，这也为其未来的持续研究提供了更多可能。我衷心期望李晶博士在数字货币学术园地悉心耕耘的过程中，与这一新生事物共同成长。

刘晓红

上海政法学院党委副书记、

校长，教授，博士生导师

序　二

2020 年，我在上海人民出版社出版了《人工智能治理与区块链革命》一书；2021 年，李晶博士的《数字货币与日常生活》在上海人民出版社付梓。我与李晶博士虽然不是传统意义上的同事，但同属于新兴学科领域研究这一战壕的战友。

我的《人工智能治理与区块链革命》把人工智能技术与区块链技术放在一起讨论，指出了两项技术当前发展面临的问题，也指明了两项技术为全球治理带来的机遇与挑战。《数字货币与日常生活》一书则是专门研究区块链技术最成熟的应用——数字货币，数字货币的发展又离不开人工智能等新兴技术的支撑。可以说，数字货币自身具有技术性，在应用过程中也可以与不同的技术结合，以实现特定国家目标和商业目标。同时，从国家发行数字货币的角度来看，数字货币是国家的治理工具与治理过程中的重要载体，非常值得关注，特别需要法学专业学者的精心投入。

对数字货币的研究不应当是金融货币学的专属，数字货币的健康发展需要不同学科背景的研究人员共同参与。借用当前的时髦语言来说，也更加需要"整体智治"。数字货币因区块链技术而发扬光大，但数字货币的未来并不局限于区块链技术的应用。李晶博士这本《数字货币与日常生活》虽是一本关于数字货币的通识读本，但我们仍可从文字中看到作者从法学角度的解读与思考。显然，李晶博士对新兴领域发展具有一定研究的敏锐度，运用法学专业知识在边缘学科领域开拓的探索之路已经起步。

作为数字货币的通识读本，可以看出李晶博士在将数字货币的技术语言转换成通俗语言时所耗费的心血。优秀的作者不能只理解自己的观点和文字，也要让读者理解作者所思所言为何物。在《数字货币与日常生活》这本书中，李晶博士向我们立体式地展示了数字货币的前世今生与未来发展，既介绍了数字货币的历史发展，也概览了同时期不同中央银行数字货币的发展现状，让读者能够在数字货币纵横交错的时空范围内感受到数字货币的重大发展与进步。相信读者在阅读完本书后，能够明白比特币这样的数字货币与中央银行要发行的数字货币之间的区别所在。作者以生动的语言告诉我们"数字货币并非'洪水猛兽'，大可不必'谈币色变'"，也苦口婆心地提醒我们警惕数字货币的相关风险，提高保护财产安全的意识。相信读者朋友们在阅读本书后能够有所启迪，并形成自己的判断，理性地享受科技变革带给我们的便利。

高奇琦

华东政法大学人工智能与大数据指数研究院院长、

政治学研究院院长、教授、博士生导师

目　录
CONTENTS

2019 年 8 月，中共中央、国务院联合发布《关于支持深圳建设中国特色社会主义先行示范区的意见》，指出要在深圳开展数字货币研究与移动支付试点。这是我国首次在官方文件中明确提出对数字货币进行研究，终于让我们对这个充满技术色彩的新生事物有了初步印象。时隔一年，2020 年 10 月，深圳市罗湖区政府向在深圳的个人发放"数字人民币红包"，个人通过摇号抽签的方式有机会成为使用数字人民币支付的"幸运儿"。这是我国数字货币第一次走向我们普通老百姓生活中。无论我国中央银行是否有明确的发行数字货币的时间表，我们都知道数字货币终将在我们日常生活中用于支付，必将会带领我们走向更发达的数字经济时代！

然而，数字货币到底是什么？我国的数字货币和狂热的比特币、以太币、莱特币等诸如此类的数字货币有什么关系？国际网络社交巨头脸书（Facebook）在 2019 年公布要计划发行的天秤币（Libra，现为 Diem）又是什么？又比如，我国的第三方支付产业十分发达，在我们都已经十分习惯而且擅长使用支付宝、微信支付等工具进行支付的条件下，我国为什么要计划发行数字货币？我国发行数字货币只是为了满足境内老百姓在数字经济生活中的支付需要吗？当然，我们对我国数字货币的发行还可能有这样的隐忧：我国发行数字货币之后会不会对我们的"钱袋子"带来影响？我们的个人信息能否得到有效保护？我们对数字货币有太多的好奇、疑问和困惑，本书将从我国的数字货币是什么、发展现状以及未来趋势对如上问题作出回答。

第一章　数字货币是什么？

场景一：央行数字货币怎么购买？

　　答案是现在你有多少钱都买不到中央银行的数字货币，因为我国数字货币还在试点过程中，并未正式发行。

　　可能你还是不相信，因为你听说过，可能也在网络上看到过关于央行数字货币（DC/EP）的消息。你说你曾在以太坊网络（Etherscan）上搜到了好几种DC/EP，名字大同小异：DCEP TOKEN（DCEP）、DCEP（DCEP）、Digital Currency Electronic Payment（DCEP）等，这么多种数字货币，该买哪个好呢？你还信誓旦旦地说，看到了一个"全球顶尖的应用型数字资产交易平台"与中国人民银行合作对数字货币进行交易。

　　可是，你却没有看到中国人民银行在官网上多次发布的《关于冒用人民银行名义发行或推广法定数字货币情况的公告》，中央银行明确表示并未发行法定数字货币，也没有授权任何资产交易平台进行交易。你再打开 Etherscan 中国网站（如图 1-1 所示），你已经搜索不到关于"DCEP"的信息了。你再想一想，国家发行的数字货币怎么会在私人平台以太坊网络上发行呢？你又去搜索那个全球顶尖的数字资产交易所，竟发现查无此网站了（如图 1-2 所示），搜索栏上显示的也多是质疑其可靠性的搜索词条。

图 1-1　在 Etherscan 中国网站搜索"DCEP"的结果

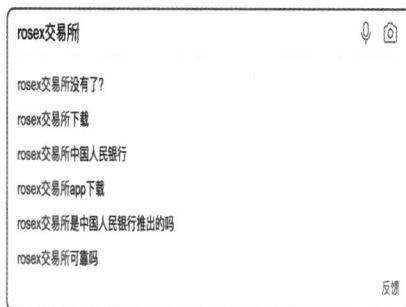

图 1-2　在搜索栏上搜索"ROSEX"而出现的相关检索词条

你困惑了,不是说投资 DC/EP 既可靠又赚钱吗?是没来得及买 DC/EP 吗?

都不是,你该庆幸自己没有买别人忽悠的"DC/EP"。

我国的数字货币正式名称是"数字人民币",已经较少提"DC/EP"了,这是其一;其二,我国的数字人民币其实与数字化的纸币并无实质差别,是让你用来买东西的,不是买来投资的,你应该没听说张三或李四从银行取款的纸币放在手里就能升值吧?一样的道理,在升值这件事上只要将数字人民币与纸币画等号即可。

那这些放在一些数字资产平台或交易所上的数字货币又是什么?虽然也被称为数字货币,但实际上是一种数字资产。为了与中央银行发行的数字货币相区别,而将其称为私人数字货币。有些人以我国发行的数字货币名称作为噱头发行自己的私人数字货币,不用迟疑,他们就是想骗走你口袋里的钱,就这么简单。

对于什么是数字货币,可能很多人已经形成这样的固有印象:数字货币就是比特币,是用来诈骗、非法集资的噱头,沾上数字货币就会被"割韭菜",还有可能会血本无归、倾家荡产!对数字货币有这样的印象并不是坏事,一方面说明有些人已经听说过数字货币,并对数字货币有一定了解,但也只局限在对比特币是一种数字货币的认知上;另一方面说明有些人具有较强的财产安全意识,并不会因为数字货币充满浓厚的技术色彩,甚至有可能是未来货币发展趋势的具体形式而盲目吹捧。

其实，**数字货币不等于比特币，只不过比特币的出现和火热让越来越多的人知道了数字货币**。数字货币诞生之初，的确是由私人设计用来在网络上进行匿名支付的，但是随着对数字货币技术的肯定以及数字货币在数字经济中可能发挥的基础作用，**数字货币已经朝向两个方向发展，一是继续由民间主体设计并发行，即为"私人数字货币"；二是由国家设计并主导发行流通，即为"央行数字货币"**。中国证监会科技监督局局长姚前曾说过："应当从私人数字货币上升到法定数字货币这样一个视野来全盘审视央行数字货币，切忌狭隘地将数字货币理解为就是比特币。"① 当然，在介绍数字货币是什么时，不能回避的就是对比特币等私人数字货币发展的介绍，而这涉及数字货币的理论发展。了解了数字货币的发展和特点后，不难推测国家发行数字货币的主要原因。

不过，关于"私人数字货币"和"央行数字货币"的文字表达上至今未形成明确的共识。比如，"私人数字货币"常见的名称还有加密货币、加密数字货币、虚拟货币通证、数字资产。但无论采用何种表达，都无法改变"私人数字货币"是一种数字财产的本质，一方面由于技术发展和应用场景的需要而呈现出不同特性，另一方面则是在主权国家相关监管机构的规范下确定其是否具有合法地位和引导其特性发展。双子星（Gemini）联合创始人兼首席执行官泰勒·文克

---

① 姚前：《中国版数字货币设计考量》，载《中国金融》2016 年第 12 期。

莱沃斯（Tyler Winklevoss）在 2020 年 12 月接受采访时对比特币的一段表述更能帮我们理解私人数字货币的性质："我们现在认为比特币是一种新兴的价值存储手段……不必将比特币用作货币，如果它实际上是一种价值储存手段，其波动性并不重要。"

而"央行数字货币"常见的名称还有法定数字货币、官方数字货币，在我国具体被称为"数字人民币"。无论采用何种表达，都无法改变"央行数字货币"所具有的由主权国家发行或认可的在特定范围内流通使用的货币属性。采用"央行数字货币"的表述实则是以体现数字货币发行主体的方式来凸显数字货币在一国所具有的地位，不过其法偿性的确定需要一国法律的明确规定。

如上对"私人数字货币"与"央行数字货币"的简单界定和区分，是为了说明本书中的"数字货币"指的是"央行数字货币"，尤其是我国的"数字人民币"，而不是作为数字财产的"私人数字货币"。

一、数字货币的概念

想必听说过比特币等私人数字货币后，我们对什么是数字货币已经形成了初步的印象：本书所说的数字货币是伴随区块链技术产生的新的类型的数字货币，具有鲜明的技术特征，如去中心化（部分中心化）、匿名性、透明性、难以篡改性、可溯源可追踪性等特征，备受全球瞩目。数字货币的诞生源于私人的创新力量，是对彼时主权国家主导下的货币秩序的一种挑战。随着数字货币在添加智能合约、谋求币值稳定等方向发展，主权国家对数字货币带来挑战的直接回应就是对私人数字货币进行监管的同时，着手研发国家的数字货币。

值得注意的是，私人数字货币虽被称为"货币"，但并不是我们通常语境下的货币，即不同于主权国家或国家联盟发行或认可的货币，如人民币、美元、欧元等，其往往只具备部分货币功能，将其称之为"数字资产"更为准确。而央行数字货币则是各主权国家或国家联盟数字形式的货币，与传统货币——实体形式的现金相区分。**从当前来看，我国语境下的数字货币仅指央行数字货币。但要想弄清楚央行数字货币是什么，首先要明白私人数字货币的概念。**

（一）私人数字货币在我国被称为"虚拟货币"

1. 将私人数字货币称为"虚拟货币"并非我国独创

我国官方文件中将私人数字货币称为"虚拟货币"并非个例。可以说，欧洲中央银行（ECB）是最早关注私人数字货币的中央银行之一，其发布的《虚拟货币体制》（2012年10月）中将"虚拟货币"（Virtual Currency）定义为"一种不受监管的数字货币，通常由开发者发行和控制，并在特定虚拟社区的成员中被使用和接受"。该报告对"虚拟货币"未来发展的潜力有着清醒的认知，于是明确提出"如果（虚拟货币）基本特征发生变化，将来可能需要修改这一定义"。

该报告中提到比特币超过 160 次，并指出比特币持有者无需将比特币转换成法定货币即可与他人交易，即比特币可以独自运行而不必须通过银行。

欧洲银行管理局（EBA）发布的《关于虚拟货币的报告》（2014 年 7 月）中明确强调了"虚拟货币"中的"货币"一词容易误导大众，暗含了可以与其他货币兑换的含义，不过因为该术语是常见公共用法，所以仍用"虚拟货币"的文字表述。该报告将"虚拟货币"定义为"一种价值的数字表示，既不是由中央银行或公共机构发行的，也不一定附属于金融工具，而是由自然人或法人作为交换手段，可以通过电子方式进行转让、存储或交易"。

之后，欧洲中央银行又发布了关于"虚拟货币"的新报告《虚拟货币体制的进一步分析》（2015 年 2 月），对"虚拟货币"进行了重新定义："虚拟货币是价值的数字表示，而不是由中央银行、信贷机构或电子货币机构发行，在某些情况下可作为货币的替代物。"该报告中虽然仍使用"虚拟货币"的表述，但在定义中则避免使用"货币"字眼，采用描述性的文字"价值的数字表示"进行定性。该报告对 2012 年发布关于虚拟货币的报告后所带来的直接影响作了说明，媒体对虚拟货币，尤其是比特币的关注度一直居高不下。

2. 私人数字货币曾在我国活跃发展

似乎，我们现在已经很少听到关于比特币等私人数字货币的消息，除了 2020 年到 2021 年年初比特币价格"疯涨"的消息外，私人数字货币已经淡出我们的视野。甚至，对于业内人士而言，他们还会"谈币色变"。但将时间倒推至几年前，我国私人数字货币发展得相当活跃，如火币（Huobi）、欧科集团（OKCoin）、比特币中国（BTCChina）等企业成立了我国最早的大型私人数字货币交易平台，曾在全球私人数字货币交易量中处于领先地位。

无论如何看待比特币，我们都无法否认这样的事实：比特币自 2009 年出现以来，迅速席卷了多个国家的金融市场。2013 年中国的比特币市场极其狂热，一个比特币的价格可以瞬间疯狂上涨，不得不让人怀疑这是新的庞氏骗局[1]；比特币价格上涨后又转瞬崩盘，让投资者的财产利益瞬间蒸发。关于比特币的金融活动随着比特币价格的暴涨不断出现。

2013 年的一篇报道中提到，我国证监会对网上发起设立比特币基金给予了第一次回应，认为其目前并不是基金法所监管的对象，但还是要遵守相应法律法规，能够及时履行信息披露义务，揭示可能要出现的风险，以保护投资者的权益。[2] 另一篇报道也提到，时任央行副行长易纲表示，央行在短期内不会承认比特币的合法性，但他并不否认普通民众拥有参与比特币交易的自由。[3]

至少从当时相关监管部门发言人的观点来看，国家监管

---

[1] 根据百度百科的解释，庞氏骗局是指利用新投资人的钱向老投资者支付利息和短期回报，以制造赚钱的假象进而骗取更多的投资。

[2] 《A 股 IPO 开闸时间表确定　新股发行改革意见将公布》，载《扬子晚报》2013 年 6 月 8 日。

[3] 《央行副行长易纲：近期不会承认比特币合法性》，载《兰州晚报》2013 年 11 月 25 日。

部门并没有否定比特币这一新生事物。不过，利用比特币进行诈骗的网络平台不在少数，如曾号称"国内排名第四"的比特币网络交易平台"GBL"携款"跑路"，对一定范围内公众的财产利益造成了侵犯。对此，中国人民银行等五部门于2013年12月3日发布了《关于防范比特币风险的通知》（以下简称《通知》），较为温和地告知公众投资比特币可能具有的风险，并通过采取禁止企业开展相关业务和管理比特币互联网站以期达到保护社会公众的财产权益、保障人民币的法定货币地位、防范洗钱风险、维护金融稳定的目的。

该《通知》明确了比特币的属性："比特币具有没有集中发行方、总量有限、使用不受地域限制和匿名性四个主要特点。**虽然比特币被称为'货币'，但由于其不是由货币当局发行，不具有法偿性与强制性等货币属性，并不是真正意义的货币。从性质上看，比特币应当是一种特定的虚拟商品，不具有与货币等同的法律地位，不能且不应作为货币在市场上流通使用**。"简单来说，比特币不是货币，是虚拟商品。随后，中国人民银行在2013年12月5日的《比特币相关事宜答记者问》中确认了比特币交易的商品买卖属性，让公众理性投资。

3. 私人数字货币被我国监管机构关注

比特币价格的大涨大跌让业内人士看到了私人数字货币所具有的商业价值，一种新的私人数字货币活动产生——首次代币发行（Initial Coin Offering，简称ICO）。ICO是参考证券的首次公开发行（Initial Public Offering，简称

IPO），将发行的标的物由证券变为私人数字货币，以此来公开募集资金（比特币）。以太坊网络中智能合约的运用，让个人和组织"创造"私人数字货币更加容易，利用 ICO 来募集资金（或比特币等主流私人数字货币）也更加容易——募集者不需要履行法定程序，不必像公开发行证券一样接受证监会监管，只需要提供代码和白皮书，就可在几天甚至几小时内获得巨额融资，可谓是"一夜暴富的生财之道"。

在 ICO 发展的几年时间里，包括我国在内的多个国家都在关注其发展动向。2017 年 7 月 25 日，国家互联网金融安全技术专家委员会发布的《2017 年上半年国内 ICO 发展情况报告》指出，"与 ICO 项目上线频率类似，ICO 融资规模和用户参与程度也呈加速上升趋势"，以 2017 年 7 月 19 日零点价格换算 2017 年以来的 ICO 融资总额为 26.16 亿元人民币，累计参与人次达 10.5 万。但是"ICO 存在诸多潜在风险，包括项目失败或跑路导致的资金损失风险、价格剧烈波动引起的金融风险、借 ICO 进行的诈骗、非法集资等违法犯罪风险等"，这无疑是国家监管部门要规制 ICO 乱象的暗示。

2017 年 9 月 4 日，中国人民银行等七个部门联合发布**《关于防范代币发行融资风险的公告》**（以下简称《公告》），直接指明**代币发行融资（ICO）**是"融资主体通过代币的违规发售、流通，向投资者筹集比特币、以太币等所谓'虚拟货币'，本质上是一种未经批准非法公开融资的行为，涉嫌非法发售代币票券、非法发行证券以及非法集资、金融诈骗、传销等违法犯罪活动"；重申**"代币发行融资中使用的代币或'虚拟货币'不由货币当局发行，不具有法偿性与强制性等货币属性，不具有与货币等同的法律地位，不能也不应作为货币在市场上流通使用"**。

此处的"代币"和"虚拟货币"都是私人数字货币，不要因不同的名称表达或在ICO中所处的发行或筹资地位的不同而认为二者是两个不同的事物。举个简单的例子，当前主流的私人数字货币以太币在2014年7月进行ICO时，通过交换"代币"以太币募集到"虚拟货币"比特币3万多个。依照《公告》中的说明，比特币、以太币都是"虚拟货币"。所以，不必对"代币""虚拟货币"等不同文字表达过于纠结。

4. 私人数字货币在我国"销声匿迹"

在ICO被明确宣布违规且可能涉及犯罪后，部分人希望"在夹缝中求生存"——既然发行的代币是因为未被监管而被认为违规，那么发行符合证券法律法规的代币就不会有违法之虞了。这种主动寻求纳入证券法律法规监管体系之下的代币被称为证券型通证，于是证券型通证发行（Security Token Offering，简称STO）逐渐升温。其实，STO意欲在我国寻求发展，从当前的《证券法》规定来看，显然是不现实的。因为我国《证券法》第2条明确规定了证券的种类，第9条则规定了证券公开发行的条件，即便宣称按照《证券法》等法律法规发行证券型通证，但《证券法》等法律法规并没有规定证券型通证这一类型的证券。简单来说，就是证券型通证虽加入了"证券"字眼，但本身并没有直接的法律依据，何来符合监管要求一说。当然，有些国家将符合其证券法律法规规定的私人数字货币纳入监管范围，此类私人数字货币被称为证券型通证（Security Token）。

2018 年 8 月，银保监会、中国人民银行等五部门发布的《**关于防范以"虚拟货币""区块链"名义进行非法集资的风险提示**》（以下简称《提示》）则直接指出了"通过发行所谓'虚拟货币''虚拟资产''数字资产'等方式吸收资金，**侵害公众合法权益。此类活动并非真正基于区块链技术，而是炒作区块链概念行非法集资、传销、诈骗之实**"。"以 ICO、IFO、IEO 等花样翻新的名目发行代币，或打着共享经济的旗号以 IMO 方式进行虚拟货币炒作"实则都是"换汤不换药"的 ICO。

即便如此，国内的私人数字货币炒作活动仍然存在，各地都对此进行严格监管。如 2019 年 11 月 14 日，上海市金融稳定联席办与中国人民银行上海总部联合印发《**关于开展虚拟货币交易场所排摸整治的通知**》指出要对辖内三种虚拟货币相关活动进行排摸：**一是在境内组织虚拟货币交易；二是以"区块链应用场景落地"等为由，发行"××币""××链"等形式的虚拟货币，募集资金或比特币、以太坊等虚拟货币；三是为注册在境外的 ICO 项目、虚拟货币交易平台等提供宣传、引流、代理买卖等服务**。一旦发现有互联网企业从事如上虚拟货币相关活动，要督促企业立即整改退出。自此，私人数字货币在我国逐渐"销声匿迹"。

通过如上对我国私人数字货币的发展及监管进行梳理，可以发现我国监管部门也在不断扩大对私人数字货币的认识。在官方文件中出现的私人数字货币的名称有如下几种：虚拟商品、代币、虚拟货币、虚拟资产、数字资产。从2017年颁布《公告》后，我国官方文件中已经确定将私人数字货币称为"虚拟货币"，而未使用"数字货币"的表达。其实，我国监管部门将私人数字货币称为"虚拟货币"，是因为我国在2014年就已经着手研究国家的数字货币，为了与国家的数字货币相区分而直接将私人数字货币称为"虚拟货币"。

因此，可以这么说，**在我国语境下，数字货币是专指央行数字货币，而私人数字货币在我国叫作"虚拟货币"。知道这一区别后，再阅读我国相关官方文件时，就能清楚地明白，文件中的"数字货币"不是"虚拟货币"的私人数字货币**，而是由国家货币机构发行的央行数字货币。央行数字货币等同于数字货币，因为我国对"货币"有着严格的法律定位，只有国家发行的货币才能被称为货币，其他"货币"即便称为"货币"也不是我国法律意义上的货币。

（二）央行数字货币在我国被称为"数字人民币"

1. 央行数字货币是当前国际上常用的称谓

国际清算银行（BIS）发布的《央行加密数字货币》（2017年）报告详细、系统地介绍了央行数字货币的类型和特点。其中，著名的就是"货币之花"模型的提出：从发行主体（中央银行或其他主体）、形式（电子或物理形式）、可访问性（通用型或限制型）和转移机制（集中或分散，如点对点转移）四个方面出发对央行数字货币进行分类，一种是面向公众发行的央行加密数字货币，即零售型央行加密数字货币；另一种是面向金融机构发行的央行加密数字货币，即批发型加密数字货币。值得注意的是，此时采用的是"央行加密数字货币"（CBCC）的文字表述。

货币之花：货币分类法

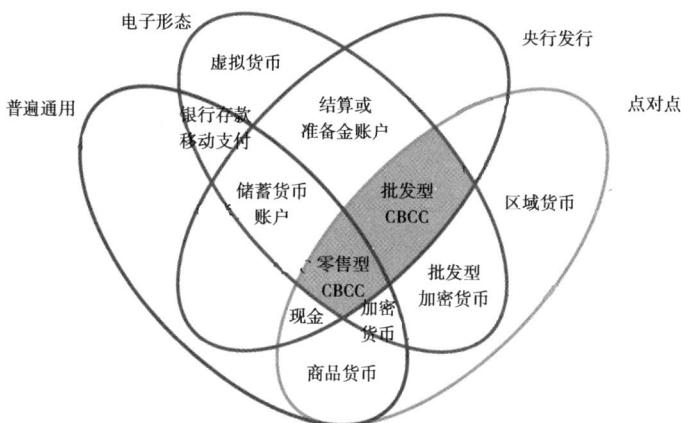

图1-3 "货币之花"模型（来源：国际清算银行《央行加密数字货币》报告）

在该报告发布之时，零售型央行加密数字货币只是学界和业界讨论的概念，并非真实存在。该报告以美联储创建的加密货币Fedcoins为例，Fedcoins只能由美联储创建，可以与现金和储备一比一兑换。只有同时销毁（或创建）等量的现金或储备，Fedcoins才会被创建（或销毁）。与现金相同，Fedcoins 也将在交易中分散化，在供应上集中化。零售型央行加密数字货币发行的风险同样存在，如更快发生银行挤兑、商业银行可能会脱媒等。

而对于批发型央行加密数字货币而言，有一些中央银行已经完成了基于分布式账本技术（DLT）应用的概念证明。之所以使用分布式账本技术，是因为当前中央银行运营的批发支付系统过时、数据库设计不再适用、维护成本很高。该报告以加拿大银行的 Jasper 项目和新加坡金融管理局的 Ubin 项目为例，两个项目在分布式账本技术平台上模拟实时全额结算（RTGS）系统，在该系统中，支付是独立的、即时的和全天最终处理的。不过，英格兰银行和加拿大银行在当时都认为分布式账本技术还不够成熟，并不会被考虑用于更新或取代现有批发支付系统。

2. 我国央行数字货币称谓的变化

虽然本书以数字货币作为我国所研发的央行数字货币的文字表述，但实际上，我国官方在不同时期以直接或间接的方式给出了数字货币不同的名称表述。每次名称的变化均反映了所要强调的侧重点的不同，也就是所要实现或验证的数字货币的特定功能不同。如下，将根据我国官方网站、相关部门负责人、官方文件等对数字货币的表述来略作介绍。

（1）法定数字货币

我国对数字货币称谓最早的"官方"表述就是法定数字货币。**中国人民银行在 2016 年 1 月 20 日举办的数字货币研讨会中首次提出了"数字货币"与"法定数字货币"的称**

谓。在这次会议上释放出了关于我国数字货币的多个信号。

信号一： 我国虽然在 2016 年才向外界公开对数字货币的研究，但中国人民银行早在 2014 年就开始了数字货币研究。从上文提到中国人民银行等五部门发布的关于比特币的规范性文件的时间点来看，比特币的发展让国家相关部门既看到了对货币发行权的威胁，也看到了货币发展的方向。并不排除研究数字货币与关注比特币之间存在内在联系。

信号二： 法定数字货币的概念是与私人（发行）数字货币的概念一同出现的，这样的一对表达明显就有"正本溯源"的味道在里面。此时对数字货币的研究较少，通过法定数字货币的文字表述来区别比特币等私人数字货币，直接表明二者的地位不同。

信号三： 此次数字货币研讨会向外界传达出中国人民银行研发的数字货币将在组织保障机制、战略目标、技术及应用等多方面进行重点工作部署。综合该会议所传达出来的种种信号，我国数字货币的研发从一开始就是中国人民银行敏锐地捕捉到私人数字货币所具有的潜力与威胁，借鉴私人数字货币技术来对国家金融体系进行改革与完善，在数字经济浪潮来临时抓住这个历史机遇。

此外，"法定数字货币"的名称表达还可见中国人民银行于 2019 年 8 月 2 日召开的 2019 年下半年工作电视会议，在该会议上明确提出了要**"加快推进我国法定数字货币研发步伐"**。

法定数字货币，顾名思义，重点在于"法定"二字上，这意味着数字货币如若要成为一国境内流通的货币,需要法律明确规定并保障其法定货币地位。具体而言,法定数字货币是指根据法律规定,由国家货币机构发行的具有国家主权背书的,能在一国境内流通且具有法偿性的数字货币,因为法定数字货币的发行主体通常为中央银行,故而也被称为"央行数字货币"。中国银行前行长李礼辉从法定数字货币所具有的特征的角度出发,对法定数字货币下了定义:"具有法定地位、具有国家主权背书、具有发行责任主体的数字货币构成法定数字货币,亦称中央银行数字货币。央行数字货币采用了数字化的技术形态,其本质依然是法定的货币,同时是官方的支付工具和清算工具。"[1]

关于法定数字货币所具有的"数字化的技术形态",时任中国人民银行副行长范一飞认为,**法定数字货币主要属于现金(M0)范畴,是运行在特定数字货币网络中的加密数字**。[2]时任中国人民银行条法司副司长刘向民,其认为**法定数字货币是通过加密数字串代表具体金额的一种法定货币形式**。[3]法定数字货币概念的表述是法律上的概念。

(2)数字货币

从2016年数字货币研讨会之后,就可认为我国语境下

---

[1] 李礼辉:《央行数字货币将改变什么?》,来源:"网易研究局"2021年2月14日。

[2] 范一飞:《中国法定数字货币的理论依据和架构选择》,载《中国金融》2016年第17期。

[3] 刘向民:《央行发行数字货币的法律问题》,载《中国金融》2016年第17期。

的数字货币指的就是央行数字货币。如果对比我国监管部门对私人数字货币监管的时间来看，就更容易理解这一表述。我国虽然在2013年年底发布了《关于防范比特币风险的通知》，但禁止私人数字货币在我国的交易等活动的文件是在2017年下半年作出的。在此之后，私人数字货币逐渐在我国"消失"。这时再来看我国的数字货币，实际上只剩国家研发的央行数字货币这一种类型，那么，直接用数字货币来表述央行数字货币并不会引起概念上的误解，因为国家监管部门已经通过监管措施将私人数字货币进行"清除"。这也是本书反复强调的，在我国语境下，数字货币就是央行数字货币。

2019年8月中共中央、国务院印发了**《关于支持深圳建设中国特色社会主义先行示范区的意见》**，该文件提出要"打造数字经济创新发展试验区，支持在深圳开展**数字货币研究与移动支付**等创新应用"。这是我国官方文件中第一次明确公开提出数字货币。从该文件可以看出来，之所以将数字货币放在深圳进行研究，是为了支持深圳作为先行示范区的发展；同时，深圳所要打造的先行示范区以及深圳本身具有的政治、经济和地理等优势地位，使其成为研究数字货币的地方选择。

数字货币，从字面上理解，就是数字形式的货币。在我国语境下，数字货币就是数字形式的法定货币。在我国，只有国家发行的货币才能称之为货币，其他私人发行的名义上为"货币"的并不是货币，不能代替我国法定货币在市场上流通。中共中央发布的《**中华人民共和国国民经济和社会发展第十四个五年规划和 2035 年远景目标纲要**》中明确提出要"**稳妥推进数字货币研发**",再一次确定了我国的数字货币指的就是央行数字货币。当然,在这过程中也不排除对国外私人数字货币的研究。

关于数字货币的含义,央行曾在一文中用与私人数字货币对比的方式来说明数字货币的含义:"人民银行数字货币就是人民币电子版。说起数字货币,大家第一反应可能是比特币或者脸书计划推出的 Libra。但是,与这些所谓的数字货币不同,我国央行将要推出的数字货币有国家信用背书,可以说是人民币的电子版本。因此,央行的数字货币是具有法偿性的。更重要的是,有国家背书,央行的数字货币币值会更加稳定。而比特币等所谓的虚拟货币,无法保证币值稳定,被'割韭菜'就成了常事。从使用场景上看,央行数字货币不计付利息,可用于小额、零售、高频的业务场景,相比于纸币没有任何差别。同时,使用时应遵守现行的所有关于现钞管理和反洗钱、反恐融资等规定。"[1]

中国人民银行除了在名称上作了区分外,在具体研发数字货币上也提出了与私人数字货币并不完全相同的技术进路。最直接的区别就是,私人数字货币是以分布式账本为核心的区块链技术作为发行基础,而央行数字货币并不局限使用区块链技术。底层技术的考量是为了确保中国人民银行能

---

[1] 《什么是中国版数字货币?怎么用?央行回应!》,来源:央行新闻客户端 2020 年 4 月 19 日。

够对数字货币保持管理的权力，以确保国家政策有效执行、国家金融稳定。

（3）DC/EP

周小川在 2018 年 3 月 9 日十三届全国人大一次会议新闻中心举行的"金融改革与发展"记者会上，向社会释放出了更多关于我国数字货币的信息，首次提出了"DC/EP"的表达。周小川指出，"央行用的（数字货币）研发的名字叫'DC/EP'（DC，digital currency，是数字货币；EP，electronic payment，是电子支付）。实际上电子支付的是什么呢？**支付的东西实际上也就是通过移动通信或者是其他的网络系统传输的数字的东西，并不是纸面的货币，所以电子支付本身也有数字货币的属性**。为什么把这两个连接起来？我们首先要明确一个目的，研究数字货币不是说让货币去实现某一种技术方案的应用，而是说**本质上是要追求零售支付系统的方便性、快捷性和低成本。同时也必须考虑安全性和保护隐私**。这几项东西既可以是以区块链为基础的或者是分布式记账技术（DLT）为基础的这种数字货币，也可以是在现有的电子支付基础上演变出来的技术"。

同时，周小川也提出要对我国数字货币进行试点的原因：**数字货币作为一种货币**，在发行时必须考虑货币政策、金融稳定的传导机制，同时要注意保护消费者。作为大国经济，要避免犯实质性的难以弥补的错误，**所以必须通过充分的测试，确保可靠之后再推广**。我国已经在多地进行了数字货币的试点工作，每次试点所测试的数字货币的特点都不完全一致，下文会对当前国内几次数字货币试点情况进行介绍和总结。

可以这么理解，DC/EP 是我国数字货币研发过程中的阶段性成果。中国人民银行于 2019 年 8 月 6 日发布的《中国人民银行年报（2018）》在"有序推进央行数字货币研发，防范虚拟代币风险"部分中提到，"稳妥有序组织商业机构共同开展**具备数字货币特征的电子支付工具（DC/EP）**研发工作，取得阶段性进展"，从该处表达能印证 DC/EP 是数字货币研发的阶段性成果。从字面上来看，DC/EP 注重的是数字货币在电子支付上的应用，电子支付也是数字货币的基本功能。仔细观察，在我国研发数字货币过程中，将我国数字货币称之为 DC/EP 是有着相对明确的时间段的，尤其是在深圳市罗湖区进行数字货币试点后，关于 DC/EP 的表达渐渐消失在公众视野，取而代之的是数字人民币的表达。

我国数字货币的研发和测试都是阶段性的，虽做好了是现金的替代或补充的定位，一旦由法律确定发行，将具有与现金同样的法律地位，具有法偿性，在具备相应技术和设备条件下，任何个人和组织不得拒绝接受。数字货币是用于日常支付的，所以该阶段重点关注的是数字货币在支付领域的研究，这与上文提到的让深圳作为先行示范区研究数字货币思路"一脉相承"。现任中国人民银行数字货币研究所所长穆长春指出，"DC/EP 是由人民银行发行，并由指定运营机构参与运营并向公众兑换的，以广义账户体系为基础的，支持银行账户松耦合功能，与纸钞和硬币等价的，并具有价值特征和法偿性的可控匿名的数字人民币支付工具体系"。①

此时的数字货币研发已经基本明确了央行数字货币采用双层运营体系，以维持当前货币发行投放体系的稳定性；采用账户松耦合的方式进行投放，也就是数字货币的使用不以必须开立商业银行账户为前提，可以直接使用数字货币钱包直接进行日常支付，甚至在无网络的情况下，装有数字货币钱包的两个手机通过"碰一碰"就可完成转账；采用中央银行统一管理的模式，而非区块链的多节点共同参与管理；数字货币具有一定的匿名性，用于保护普通交易主体的隐私，这不同于私人数字货币的匿名性，也不同于现金的完全匿名性，等等。

（4）数字人民币

将我国的数字货币称之为数字人民币，与当前其他中央银行对数字货币的称谓是保持一致的，如数字欧元、数字新加坡元、数字日元、数字卢布、数字美元等。如今使用"数字人民币"的表述更为普遍，这能反映我国数字货币的定位与实质。我国数字货币试点中使用的也是数字人民币的表述，与数字人民币对应的英文表达是"e-CNY"。

关于数字人民币的提法，最早可见 2016 年 1 月 20 日中国人民银行举办的数字货币研讨会之后，"财新网"于 2016 年 2 月 13 日发表的对时任中国人民银行行长周小川

---

① 《专访央行数研所所长穆长春：首个金融区块链标准是怎么来的？》，来源：《澎湃新闻》2020 年 3 月 16 日。

的采访题目《数字人民币还有多远？》中。不过，在这篇采访中，周小川使用的是"数字货币"的文字表述。2020年8月14日，我国商务部公布《全面深化服务贸易创新发展试点总体方案》，该文件明确提出要**在京津冀、长三角、粤港澳大湾区及中西部具备条件的试点地区开展数字人民币试点。人民银行制订政策保障措施；先由深圳、成都、苏州、雄安新区等地及未来冬奥场景相关部门协助推进，后续视情况扩大到其他地区。**我国首个数字人民币的试点在深圳落地，这是我国官方第一次正式公开的关于数字货币如何使用的实践。2020年10月8日，深圳市官方媒体"深圳发布"发布关于在深圳市罗湖区进行数字货币试点应用的消息：向在深个人发放1000万元"礼享罗湖**数字人民币红包**"。

关于数字人民币的定义，范一飞曾作出过详细的说明：**数字人民币是由人民银行发行的数字形式的法定货币。由指定运营机构参与运营并向公众兑换，以广义账户体系为基础，支持银行账户松耦合功能，与纸钞和硬币等价，具有价值特征和法偿性，支持可控匿名。**我们认为，**数字人民币主要定位于流通中现金（M0）**，这一定位蕴含着丰富的理论内涵与政策选择。[①]

数字人民币是我国数字货币的名称，也是我国人民币的数字化表达。经济学者孙兆东认为，"数字人民币是基于国

---

① 范一飞：《关于数字人民币M0定位的政策含义分析》，来源："金融时报——中国金融新闻网"，2020年9月15日。

家信用、由央行发行的法定数字货币"，① 这是从发行主体和数字货币的法定地位角度出发作出的定义。不难看出，用法定数字货币的概念来解释数字人民币的概念，是同一事物的不同表达。我国的法定货币是人民币，人民币是法定货币的名称，数字人民币就是法定数字货币。当然，如上说法都建立在数字货币具有法定地位的基础之上，将我国的数字货币称为数字人民币并无不可。我们在日常支付中并不会说用人民币支付，而是说用现金支付，所以，未来数字人民币发行后，在日常支付中使用数字货币进行支付更为普遍。

从如上对我国央行数字货币的名称和含义进行梳理可以总结出我国对央行数字货币的表述如下：法定数字货币、央行数字货币、数字货币、DC/EP、数字人民币。其实无论我国的数字货币的名称如何，其都是人民币。对于我们老百姓而言，我们不会说自己钱包里有多少（数字）人民币，而是说有多少钱。关于数字货币名称的表述，更多的是学理和技术上的讨论，我们对此也不必过于纠结。

当然，关于我国数字货币的不同表述，其实都从特定角度代表了我国的数字货币。如法定数字货币是从数字货币在我国法律中所具有的地位出发的，是法定货币的具体表达；而 DC/EP 则是反映了数字货币的主要功能用于电子支付，这是我国数字货币最初需要测试的，也是最基本的

---

① 孙兆东：《央行数字人民币欲出，比特币天秤币要凉？》，载《新京报》2019 年 8 月 14 日，第 A04 版。

功能，在此基础上，我国数字货币可以进行其他功能的测试；至于数字货币则是从货币的形式进行说明的，也是一种习惯性表达。而数字人民币其实指的就是我国的数字货币，我国的数字货币是人民币的一种具体表现形式，与实物形式不同的一种人民币。其实，这种表述一方面是为了与现金进行区别，另一方面则表明这是我国人民币的一种新形式。当然，在我们对所谓的数字人民币习以为常时，可能会直接使用"数字货币"的表述，如我们平常会说用现金还是支付宝、微信支付，不会说用人民币支付是一样的道理。

发表在人民网的一篇文章中同时出现了"央行数字货币""DC/EP""数字人民币"几个概念，在描述我国数字货币时，这几个概念是通用且混用的："**央行数字货币**就是人民币电子版，英文名字：digital currency/electronic payment（数字货币/电子支付），简称 **DC/EP**。在定位上，DC/EP 可以替代 M0（一般是指流通中的现金），而不是 M1（M0+ 各单位的活期存款）、M2（M1+ 居民储蓄存款 + 单位定期存款 + 单位其他存款 + 证券公司客户保证金）的替代。在使用场景上，央行数字货币不计付利息，可用于小额、零售、高频的业务场景；使用时应遵守现行的所有关于现钞管理和反洗钱、反恐融资等规定，对央行数字货币大额及可疑交易向人民银行报告。对于人民银行研发的**数字人民币**，并不是大家理解的加密资产，而是人民币的数字化。因此，央行数字货币是法币，与法定货币等值，具有国家信用、法偿性，其效力和安全性是最高的。"[1] 但归根结底，如上这些概念指的都是我国的数字货币。

二、数字货币的来源

通常来说，只从"数字货币"这一文字表述上来看，"数字货币"是在以去中心化（decentralized）为特点的区块链网络中使用的一种电子支付手段。也就是说，我们熟知的"数字货币"的概念与区块链技术不可分割。不过，数字货币并非最早诞生于区块链技术，而是经过数十年对"数字货币"理念和理论的不断发展和完善，才在区块链技术领域得到广泛应用。无论是"私人数字货币"，还是"央行数字货币"，若想对其有更深的理解，必然离不开对数字货币理论本身的探寻。

一是从技术角度来看，数字货币的出现是民间为探索电子支付在快捷、安全、低成本、隐私保护等特性上不断作出的努力。直到把相对成熟的加密技术等一同使用，形成了区块链技术。基于区块链技术的私人数字货币——比特币诞生，催生了央行数字货币的研究与发行。

二是从货币发展角度来看，数字货币的出现是人们为适应技术发展，尤其是互联网时代对更安全、稳定、便捷电子支付的需要。不同类型的货币或者说不同形式的货币恰恰反

---

[1] 《数字货币正式落地还有多远？未来如何影响我们的生活？》，来源："人民网" 2020 年 4 月 22 日。

映了不同时代背景下对特定货币的现实需求。因此，可以说，数字货币的出现既是技术发展的必然结果，也是货币发展的时代体现。

（一）起点：将密码技术用于电子货币

我们熟知的数字货币所依托的技术是区块链，其中典型的特征之一就是非对称加密，即使用数字货币进行交易时，需要使用一对密钥，分别叫"公钥""私钥"。公钥是加密密钥，要公开；而私钥作为解密密钥，只能由本人秘密保存。这项非对称加密技术并不是区块链技术首创，而是经过数字货币理论和实践的不断探索和发展，成为当前具有较高安全性能数字货币的技术保障。

1. 非对称加密技术与电子货币

早在 20 世纪 70 年代，就已经出现了关于非对称加密技术原理的论述。Whitfield Diffie 和 Martin E. Hellman 在《密码学新方向》（1976 年）中提出这样一个问题：利用密码学保护隐私，需要双方共享一个只有双方才能知道的密钥，即加密密钥和解密密钥为同一个，但会带来成本和延迟等障碍。于是作者提出了利用非对称加密和公开密钥的解决方案，即在公共信道传输密钥信息时，加密密钥和解密密钥不同。用户将加密密钥放在公共目录中，任何用户都可以加密的方式把消息发送给其他用户，预期的接收者才能解密消息。简单来说，A 向 B 发送信息，二者各有一对用于加密和解密的公钥、私钥，二者的私钥各自保密，公钥则告知彼此。那么，A 向 B 发送信息时要用 B 的公钥加密，B 收到信息后用自己的私钥解密该信息，其他人即便收到这个信息也无法解密，因为只有 B 有私钥。

R.L. Rivest，A. Shamir 和 L. Adleman 在《一种获得数字签字和公钥密码体制的方法》（1978 年）中设计了一种可以实现非对称加密的算法，也就是现在广被使用的 RSA 算法（以三位作者名字的首字母命名）。与上文提到的非对称加密和公开密钥的理念相同，RSA 算法使得加密密钥公开，却不会暴露相应的解密密钥；还可使用私有的解密密钥对消息进行"签名"，任何人都可以使用相应的公开披露的加密密钥验证该签名，既能避免对签名的伪造，也可防止签名人否认签名的有效性。简单来说，A 给 B 发送信息，A 用 B 的公钥对信息进行加密的同时，还可用 A 的私钥进行签名。那么，B 可以用 A 的公钥验证签名，以判断消息是否由 A 发出。

大卫·乔姆（David Chaum）在《不可追踪支付的盲签》（1982 年）中构建一个新的电子支付系统来解决个人隐私与犯罪使用支付这两个看似矛盾的问题。该解题思路就是将加密技术用于电子支付系统上，即采用密码学上的盲签技术（blind signature），构建具有匿名性和不可追踪性的电子货币系统，旨在提升可审计性和控制性的同时，增强对个人隐私的保护。这是将加密技术与电子货币结合的一次理论论证，是关于数字货币理论的最早论述。此时的电子货币已初步具备匿名性和不可追踪性，之后数字货币的发展都将基于此而不断探索如何提高交易的安全性和效率性。

2. 密码学货币的发展

如上关于电子货币与密码学技术的结合主要是从理论层面进行的，关于电子货币的实践探索也开始拉开序幕。在比特币等私人数字货币诞生前，在数字货币历史中已有一些里程碑式的密码学货币，即数字货币雏形。如下将对几种代表性的密码学货币进行简单介绍。

（1）电子现金（DigiCash）

电子现金是由上文提到的大卫·乔姆于 1989 年创立，是最早的数字货币公司之一，用来保护交易的隐私性。同时，电子现金也是大卫·乔姆开发的货币名称。1993 年，大卫·乔姆发明了数字支付系统 Ecash，能够安全地在互联网上以匿名方式进行支付。该系统创立的初衷是提供安全的、便捷的、低成本的支付系统，主要针对的是当时并不安全、并不便捷、并不便宜的信用卡支付。运用 DigiCash 软件可以在互联网上实现跨境支付，基于盲签合约建立的电子支付系统能够保护交易主体的隐私性且难以被追踪。

（2）哈希现金（HashCash）

哈希现金是 Adam Back 在《一种基于部分哈希冲突的邮资方案》（1997 年）邮件中提出的。哈希现金并不是一种货币，设计的本意是为了防止滥发邮件。之所以说哈希现金不作为货币使用，是因为其无法在其他地方被重复使用，所以，哈希现金会面临"通货膨胀"。不过，哈希现金之所以在密码学货币发展中占有一席之地，是因为其使用了"工作量证明"(Proof of Work，简称 PoW）技术来防止垃圾邮件，即在发送邮件前进行计算，通过付出算力得出正确的结果才能被接收邮件。"工作量证明"(PoW）是比特币的核心技术之一。

（3）比特黄金（Bit Gold）

比特黄金 Bit Gold 是尼克·萨博（Nick Szabo）于 1998 年提出，又于 2005 年进一步补充完善。之所以将该种类型的货币称之为比特黄金，就在于其借鉴了黄金的稀缺性和价值性等特点来设计的在网络世界中与黄金对应的数字货币。Bit Gold 是点对点网络维护分布式账本和工作量证明双重理念的结合，从这个角度看，Bit Gold 已经初显比特币的雏形。

（4）B 币（B-Money）

B 币是由戴伟（Wei Dai）于 1998 年提出，B 币的目标是成为一个"匿名的、分布式的电子现金系统"。该电子现金系统建立在戴伟假设存在一个不可追踪的网络之上。原理仍是付款人和收款人通过数字假名（即公钥）识别，每个交易信息由付款人签名加密发给收款人，在网络中公开广播交易信息。即便 B 币只是 Wei Dai 提出的一种设想，但其无疑为比特币的出现奠定了坚实的技术基础。比特币白皮书所列的参考资料中排在首位的便是 B 币，足以说明 B 币为当前密码学货币作出的突出贡献。

从如上近十年的密码学货币的发展来看，密码学货币的发展是不断发展的技术与电子货币的不同结合而形成。总结出来，有以下两点值得关注：

一是密码学货币之间的区别要以设计目标作为区分。采用相同或相似的技术也可能会因为所要实现目标的不同而产生不同密码学货币，如 B-Money 与 Bit Gold。

二是密码学货币是技术组合下的产物，从电子现金到 B 币，后面产生的密码学货币都建立在已产生的密码学货币基础之上。从这个角度看，**密码学货币的发展就是"链条"，只不过这个"链条"可能会由设计目标的不同而发生"分叉"**。密码学货币的发展为十年（1998—2008）后集密码学货币发展之大成的比特币出现奠定了坚实的技术基础和实践经验。

（5）比特币（Bitcoin）

比特币是中本聪（Satoshi Nakamoto）在《比特币：一种点对点的电子现金交易》（2008 年）一文中设计的一种密码学货币。**比特币是密码学货币发展的分水岭**。之所以将比特币与其他密码学货币作出区别，是因为比特币已经具有了区别于其他密码学货币的特点。

首先，比特币与其他密码学货币的本质区别在于比特币是**"去中心化"的或"分布式"的**，并不需要第三方机构即可发行及确保比特币社区持续运行。正因为如此，密码学货币因为比特币的出现而开启了数字货币的新篇章。

其次，比特币的底层技术——**区块链技术是技术组合**，是将密码学货币所具有的技术以及新发展的技术组合而成的具有新功能的技术，将记录交易信息的"空间"称为"区块"，按交易时间将交易"区块"进行排序而形成"链"，就这样形成了区块链。

最后，比特币是基于**共识**创造出来的数字货币。比特币的价值不只是由其算力决定，甚至算力在比特币价值中不值得一提，而对比特币的共识实则成为比特币价值来源。

显而易见的是，比特币已经从理论构想变成公众实践，被国内外部分公众接受和使用，具有部分货币属性，既是密码学货币发展过程中的里程碑，同样也开启了私人数字货币的全新发展。当然，比特币等私人数字货币的快速发展，促进了国家对数字货币的研究与应用。

（二）支点：私人数字货币的关键技术

以比特币为代表的私人数字货币的技术基础是区块链技术。正因为对私人数字货币不同属性的需求和区块链技术应用场景的需求，私人数字货币与区块链技术得以不断发展。

1. 区块链技术的发展

和比特币一同诞生的区块链技术是分布式网络，没有中心，或者说每一个节点都是一个中心。分布式账本技术让参与者能够公平参与到区块链网络中，但同时带来了交易效率低下等现实难题。为了满足区块链技术在不同场景下的应用，尤其是为了提高交易效率而对区块链技术进行改良。根据中心数量的不同，将区块链技术分为公有链、联盟链和私有链。其中，我们比较熟知的区块链技术具有去中心化、点对点传输、难以篡改、公开透明、可追溯等特点，这些特点指向的是公有链。

（1）公有链

公有链，顾名思义，就是向任何人开放的区块链，即任何人都可以通过公有链进行交易，公有链将会确认并记录每个交易，即完全的"去中心化"。区块链诞生之初就是以公有链的形式和特征出现，被广为应用。对公有链的特征进行总结：**一是公有链是开源的**，即任何人都可以参与公有链各个交易的共识过程，能够充分保证公开性；**二是公有链是自发运行的**，即分布式账本技术让每个节点都是一个独立的中心，并不受一个或几个中心控制，公有链如何运行和发展全靠参与者们的共识与投票；**三是公有链是相对安全的**，首先是加密技术对公有链交易安全的保障，也是公有链安全的基础所在；同时，公有链的安全还可以通过参与者数量的不断增加而增强，简单来说，参与者数量增多可以降低50%以上算力外部攻击的可能性，从而确保公有链的相对安全。

（2）联盟链

联盟链是对公有链在特定领域使用的一种技术改良，可认为是"部分去中心化"。从字面上可以对联盟链作简单理解，联盟链中的记账人不再是全网的节点，而是预先指定的多个节点，联盟链中的"区块"由这些预选的节点共同决定，即联盟链中的"共识"是在这些预先指定的节点之间实现的。至于其他非记账节点依然可以参与交易，无法参与共识记账过程，但可以对记账进行有限查询。故而，可以认为，联盟链之所以被称为"联盟"，是因为在被指定的节点中形成了掌握记账权的联盟，由这些节点共同管理联盟链。

（3）私有链

私有链则是由单个中心行使记账权，这就意味着私有链上的数据能否更改由私有链的所有者决定。从这个角度看，私有链实际上是由特定主体控制的一种共享数据库，可以通过修改区块链规则来改变数据，避免公有链上数据一旦写入即永久保存可能导致不利后果。同时，私有链由特定主体控制，交易过程中各个节点不需要完全的协议，也不需要每个节点都参与验证，这会促进私有链上的交易成本降低、交易效率提高。

数字货币诞生就是以公有链作为底层技术，除了比特币外，以太币（ETH）、瑞波币（XRP）、莱特币（LTC）、柚子币（EOS）等主要私人数字货币都是在公有链上发行。至于央行数字货币是否采用区块链技术、如何利用区块链技术、如何兼容区块链技术等问题，由各主权国家根据本国情况自主决定。

2. 共识机制的发展

之前已经提出私人数字货币的价值并非是以"挖矿"所消耗的算力为体现，而是来自人们对私人数字货币的接受和认可，究其原因，是区块链技术中共识机制的设置。中文维基百科对共识机制（consensus）这样解释："由于加密货币多数采用去中心化的区块链设计，节点是各处分散且平行的，所以必须设计一套制度，来维护系统的运作顺序与公平性，统一区块链的版本，并奖励提供资源维护区块链的使用者，以及惩罚恶意的危害者。这样的制度，必须依赖某种方式来证明，是由谁取得了一个区块链的打包权（或称记账权），并且可以获取打包这一个区块的奖励；又或者是谁意图进行危害，就会获得一定的惩罚，这就是共识机制。"**从本质上来说，共识机制是一种治理模式，通过设计规则以确保区块链中的各节点能够积极维护区块链网络正常运行。**

作为区块链技术功能发挥的关键机制之一——共识机制看起来似乎充满了技术色彩，但作为一种治理模式，共识机制遵循的基本原则其实正是来源于我们的生活，分别是"**人人平等**"和"**少数服从多数**"。区块链网络中的"人人平等"指的是参与记账的节点的地位是平等的，所有节点都有获得优先记录数据机会的权利；而"少数服从多数"是指在竞争节点数量上要遵循"少数服从多数"，节点通过竞争算力等竞争方式来获得其他节点支持时也要遵循"少数服从多数"。可以说，**共识机制就是设计全网接受的、以竞争方式等为内容的规则，以确保获得激励的公平性**。正是因为有共识机制的存在，区块链可以在"去中心"的情况下持续、高效运行。

（1）工作量证明机制

简单来说，工作量证明就是通过工作结果来证明做了多少工作。比特币就是基于工作量证明机制得以发行的。具体来说，工作量证明机制就是"矿工"共同争夺区块链交易的记账权，通过算力先抢到并完成记账工作就可以获得系统设置的一定数额的比特币作为奖励。起初，比特币的"挖矿"

只需要普通的计算机即可完成，但随着比特币"挖矿"难度的不断加大，对计算机算力有着更高的要求，一般人已经无法通过普通计算机完成。于是，拥有更高算力的"矿机"成为"挖矿"的专业设备，工作量证明变成了"矿机"算力的比拼。当然，比特币"挖矿"所需算力高是通过增加网络攻击成本来保障系统的安全，不过，工作量证明机制的弊端也显现出来：比特币挖矿所耗费的巨大算力、电力资源与结算效率低下形成鲜明对比。

（2）权益证明机制

权益证明机制的出现是从节省能源的角度出发而设计的共识机制。权益证明又可称为持有量证明。"权益"可简单地被认为是参与者所持有的私人数字货币，权益证明就是以持有私人数字货币的数量和时间来确定获得记账权的可能性，也就是所持有的私人数字货币越多，越有机会获得更多奖励。与工作量证明机制相比，因为不需要通过持续挖矿产生区块进行记账，消耗的算力和电力资源会相对减少；缺点也是显而易见的，为了获得更多奖励而持有大量私人数字货币，一方面私人数字货币掌握在少数人手里而失去共识机制的公平性，另一方面私人数字货币无法进行流转，有违私人数字货币发行的初衷。

（3）代理权益证明

从名称上来看，代理权益证明机制是对权益证明机制的改良版，是对可能丧失公平性的"富者愈富"权益证明机制进行"纠偏"，引入民主机制，让持币人选出几个代表节点来运行网络。简单来说，就是由持币人投票选举区块的生产者（节点），不合格的生产者也会被持币人通过投票"罢免"。在该过程中，持币人和代表节点会收到系统奖励，即持币人为自认为能被选中并承诺分享收益的节点进行投票，当该节点被选中后由该节点进行"挖矿"，持币人就可获得该节点所承诺的收益分享。代表节点而非全部节点进行"挖矿"，依旧是在遵循"少数服从多数"原则的基础上提高了达成共识的效率。相对于工作量证明机制而言，更能节约电力资源；相对于权益证明机制而言，更具有公平性。

3. 智能合约技术的发展

智能合约技术虽然是随着比特币和区块链技术而被更多人所知，应用范围也在不断扩大，但"智能合约"概念的提出者就是上文 1998 年比特黄金（Bit Gold）的提出者尼克·萨博（Nick Szabo）。尼克·萨博提出的智能合约是将协议、用户界面和通过用户界面表达的承诺结合，减少了委托人、第三方或手段所施加的心理和计算交易成本。如果将智能合约视为一种特殊的合同，可以理解智能合约就是通过网络协议所确定的规则来约束要约人与承诺人的行为，旨在为合同成立和执行提供更为安全的方法。

无论比特币中是否有智能合约的应用，真正将智能合约与私人数字货币结合并广被人知的是以太坊。以太坊对智能合约的引入开启了可编程数字货币的应用。以太坊创始人曾指出，以太坊的智能合约应被看成是存在于以太坊执行环境中的"自治代理"。简单来说，任何人都可在以太坊区块链上开发智能合约,对应的代码存储在以太坊账户,即为"合约账户",而由密码控制的账户为"外部账户","外部账户"向"合约账户"发起交易才能启动"合约账户"中的代码执行。以太坊智能合约的应用之一是创建通证(token)。

(三)亮点:私人数字货币发展的标志性事件

数字货币的发展离不开底层技术区块链的发展。斯万在其著作《区块链:新经济蓝图及导读》中将区块链划分为三个阶段的发展,分别是货币时代、合约时代和超越货币、经济和市场的公正应用以及效率和协作应用时代。其中,区块链的货币时代对应的是基于区块链技术诞生的第一个私人数字货币——以去中心化的比特币为代表;区块链的合约时代所对应的则是以引入智能合约为特点的以太币为代表;区块链的超越货币、经济和市场的公正应用以及效率和协作应用时代可认为是以为全球提供金融基础设施的天秤币 Libra(现改名为 Diem)为代表。

1. 私人数字货币 1.0 时代:以去中心化的比特币为代表

我们现在熟知的比特币被认为是去中心化货币的鼻祖,就是一种互联网系统中的货币单位,或者称之为记账单位更为准确。中本聪认为比特币是"一种完全通过点对点技术实现的电子现金系统"。

简单来说,去中心化的区块链是通过技术来防止人们作恶。或者换另一种说法,用技术来代替传统交易中当事人的信用以确保交易的顺利进行,实则体现了对人的不信任。比特币与去中心化的区块链不可分割，比特币作为私人数字货币的"鼻祖"并始终稳坐私人数字货币第一名宝座，具有不同于其他私人数字货币的特点。即便之后出现了大量仿造比特币的"山寨币""空气币"等名目的私人数字货币，但始终无法撼动比特币在私人数字货币中的地位。甚至从严格意义上来说，比特币是真正的区块链数字货币，是完全去中心化的数字货币。具体而言，比特币具有如下特点。

一是比特币并没有明确的发行主体。这是比特币与法定货币之间最大的差别，法定货币通常由国家授权特定机构作为发行主体，而比特币是依靠技术设置和经济激励机制而产生的，并没有明确的发行主体，或者说每一个参与比特币"挖矿"的"矿工"都是比特币的发行主体。比特币所要实现的就是无第三方干预下的、依靠参与者共识和激励机制发行的一种虚拟数字财产。简单来说，比特币的发行由代码规则控制和矿工挖矿完成，即去中心化的发行机制。至于中本聪是谁，是一个人还是一个组织，在维持比特币的去中心化特征面前，已经变得不那么重要了。

二是比特币有发行数量的限制，比特币的发行总量已由程序设定最多为 2100 万枚左右。很显然，对比特币数量的限制是对当前普遍存在的通货膨胀现象的一种应对方案。除了对发行数量进行限制外，中本聪对比特币的发行速度也进行了限制，通过增加"挖矿"难度来控制比特币"挖"出的速度。在比特币诞生初期，"挖"比特币并不需要很多算力，我们可以利用手中的电脑进行"挖矿"。随着比特币源源不断地被"挖"出，对"挖"出比特币的算力有了更高的要求，普通人只依靠电脑已经很难"挖"出比特币，取而代之的是利用"挖矿"专业设备"矿机"进行，这也意味着未来比特币的产出都将由专业机构利用专业设备完成，需要更多的电力资源支持。

三是比特币的产生和比特币社区能够持续运行是以经济激励机制作为保障，即比特币由矿工"挖矿"产生，矿工可据此获得比特币奖励；同时，在交易过程中，矿工可通过争夺交易记账权获得比特币作为交易的奖励费用。通过如上经济激励机制的具体运行以维持比特币系统的持续运行。

自 2020 年以来比特币的价格多次大幅上涨，一枚比特币的价格已经突破 3 万美元；之后比特币价格的涨幅让人瞠目结舌：2021 年 1 月突破 4 万美元，特斯拉向比特币投资 15 亿美元后，比特币的价格在 2021 年 2 月突破 5 万美元，在 2021 年 3 月突破 6 万美元。此时，可以认为比特币的经济激励机制内涵有了新的变化。除了中本聪通过技术设置的为了维持比特币持续运行的经济机制外，2020 年席卷全球的新冠肺炎疫情成为比特币价格大涨的国际背景，越来越多的机构和个人参与比特币投资或投机，比特币价格的上涨空间成为比特币生产和持有的现实动力，可以认为是一种现实的经济激励方式。

当然，这种所谓的现实经济激励方式并不可取，因为**比特币价格大幅上涨的背后实则是投资机构将比特币视为投资获利的工具。将比特币"比喻"为黄金的替代，用来抵抗通**

货膨胀、抵抗美元贬值无非是"哄抬"比特币价格的一种营销手段。

2. 私人数字货币 2.0 时代：以可编程的以太币为代表

以太币是将智能合约技术运用到区块链技术的具体成果，实现了数字货币的可编程性，一方面可以在数字货币上设置不同的规则并由代码自动执行（智能合约执行），另一方面其他主体可依托以太坊网络发行自己的数字货币（即为通证），开启了数字货币功能多样化的大门。

以太币运行在公有链平台以太坊上，出现时间晚于比特币，于 2014 年通过 ICO（首次代币发行）募集到比特币后开始发展，同样也是主流的私人数字货币。以太币最重要的技术特点就是引用了智能合约，为更多人参与到以太坊网络中提供了条件，即用户可以将物理世界中的实物财产数字化后在以太坊网络中进行流通，即除了以太币在以太坊网络中流通外，用户还可以利用智能合约设计和发行自己的数字资产，即通证。与比特币网络中只能流通比特币相比，以太坊网络明显给用户更多自主权。具体而言，以太币具有如下特点。

一是以太币没有发行主体，但有控制代码规则的核心团队。这是以太币与比特币同为在公有链发行的数字货币的最大差别。以太币虽然依旧标榜去中心化，但显然去中心化程度是低于比特币的，本质就在于以太币是有核心团队为"幕后"操控发行主体，即便核心团队只是提供技术支撑与完善，但仍避免不了中心化的诟病。最典型的例子就是以太坊上的去中心化自治组织 The DAO 众筹的数字货币被黑客利用漏洞而转移了 1200 万个以太币，于是以太坊创始人维塔利克·布特林提出对以太坊进行硬分叉，从而使得黑客利用漏洞转出交易的区块无效，让黑客无法获得以太币。这次以太坊网络分叉形成了"以太坊"和"以太经典"（即不接受此次改变的区块链）两条链。

二是以太币发行数量没有明显的限制，但发行数量可以调节。以太币的发行数量和发行模式并不是一成不变的，相较于比特币而言较为复杂。简单来说，最初的以太币与比特币采用相同的奖励机制，都是使用工作量证明机制（PoW）进行奖励。但工作量证明机制的弊端很明显，交易速度慢和扩展性差是比特币无法摆脱的桎梏，而将工作量证明机制转为权益证明机制之后，可以较低成本进行高效交易。不过，以太币共识机制转为权益证明机制后，将会降低以太币每年的发行数量。从这个角度看，以太币每年的发行数量会有所降低，但总数量始终处于增长状态，这与比特币用来抵抗通货膨胀而进行数量限定和逐渐增加挖矿难度显然是不同的。

3. 私人数字货币 3.0 时代：以超主权的天秤币为代表

作为数字货币发展的两座里程碑：比特币和以太币，始终饱受币值波动、不够稳定的诟病，于是一种以真实财产作为抵押的、相对稳定的数字货币诞生，即稳定币。备受瞩目的当属脸书的天秤币（Libra）。2019 年 6 月，脸书发布第一版天秤币白皮书后，包括美国在内的多个国家都持质疑或反对态度，最大的原因在于天秤币锚定一篮子货币、为全球构建金融基础设施、面向全球发行的"超主权"属性可能会与主权货币竞争，产生一系列监管难题。2020 年 4 月，脸书发布第二版天秤币白皮书，增加了锚定单一货币的稳定币，构建了包括反洗钱、反恐融资等在内的合规框架以保证支付系统的安全性，为资产储备建立保护措施等。

如果说比特币、以太币等私人数字货币更多的是在特定群体内被认可，影响范围有限，那么，天秤币将会依托脸书已有的社交平台全球用户而有机会在全球范围内使用。天秤币可能具有更为广泛的社会接受度，这是比特币、以太币等私人数字货币无法获得的天然优势。至于是否具备去中心化特征，并不是天秤币相较比特币、以太币的劣势，反而是其适应当前商业模式的技术变通。相较而言，天秤币具有如下特点：

一是以脸书为主导的 Libra 协会作为发行主体。显而易见的是，天秤币直接放弃完全去中心化技术。其实，有限的 Libra 协会会员共同决定天秤币的发行，可视为天秤币网络属于联盟链类型，由特定中心节点确保天秤币网络的快速、高效、安全进行，这是其能够为全球提供金融基础设施野心的技术前提。

二是天秤币发行数量由市场需求决定。天秤币能够依托脸书账户直达用户手中，确保天秤币的公众可及性。同时，Libra 协会会员多是跨国企业巨头，无论是具体的商业模式，还是对接多元支付模式，Libra 协会会员为天秤币在商业中的具体应用和用户的具体使用上提供了不同场景，将有助于培养用户使用天秤币的习惯。无需赘言的是，在私人数字货币中，天秤币比比特币、以太币等私人数字货币更容易吸引用户。

三是天秤币通过真实资产储备保持币值相对稳定，有单一法币稳定币和一篮子货币稳定币。这是天秤币为了保持币值稳定而直接采用以法定货币等财产作为内在价值来源。很显然，该设计是为了避免比特币、以太币等私人数字货币价格剧烈波动而难以被用于支付等用途，沦为投机工具，有违私人数字货币诞生的初衷。与法定货币等财产挂钩，是天秤币保持币值稳定的最简单、最直接、最有效的方法，为天秤币的广泛使用奠定了基础。

（四）转折点：私人数字货币与央行数字货币的区分

之所以将私人数字货币与央行数字货币的区分作为数字货币发展的转折点，并不只是因为私人数字货币的"去中心化"对国家法定货币的"中心化"带来挑战，还因为私人数字货币的发展让国家货币机构看到了货币在数字时代发展的新动向。从上文对数字货币的介绍中不难发现，私人数字货币中除了比特币算得上是去中心化外，其他私人数字货币都具有明显的中心化特征。故而，仅从去中心化和中心化来看待私人数字货币与央行数字货币之间的区别与转折已经不够充分，甚至是不够准确的。

1. 央行数字货币出现的时间晚于私人数字货币

正是因为在私人数字货币出现后才产生了央行数字货币

的概念，让数字货币的发展出现了实质上的转折点。数字货币发展的转折点并不是私人数字货币发展的"断头路"，相反，转折点的出现在某种意义上可认为是数字货币的"分叉"，私人数字货币与央行数字货币两条"链"在各自领域内发展，都有一定的社会接受度。至于两条"链"上的数字货币未来发展情况如何，本质仍在于各自的社会接受度如何。私人数字货币与代表国家主权的央行数字货币之间实则体现的是一种竞争关系，无论是私人数字货币出现后所具有的去中心化、匿名，还是不可篡改等特征已然对国家的主权货币的发行流通带来挑战；而央行数字货币的出现是对私人数字货币出现的一种回应。

仔细观察基于区块链技术的数字货币十余年的发展史，可以清晰看到私人数字货币与法定货币之间的竞争。如下将从数字货币的发展史中按照时间顺序（每年）挑选出一件相对具有代表性的事件或成果对此进行说明。

2008 年，中本聪发布的比特币白皮书《比特币：一种点对点的电子现金交易》（Bitcoin：A Peer-to-Peer Electronic Cash System）中首次提出了比特币的概念，是去中心化、去中介化的数字货币，其所依托的网络被称为区块链网络。此时的比特币还只是处于概念阶段。

2009 年，中本聪在自己构建的比特币网络中"挖"出了比特币，被业内人士称为"创世比特币"，足以说明这些比特币在整个数字货币所具有的"开天辟地"的地位。当然，这都是后话，因为在比特币诞生之初，比特币并没有吸引大众的注意力，"挖"比特币也很容易。此时的比特币已经开始发行，比特币社区也开始运行。

在比特币发展史上有个特别有名的事件，就是在2010年5月18日，一网友在论坛上首次发出了用自己"挖"出来的1万枚比特币来购买两个披萨的交易请求，直到5月22日这场交易才成功。从现在的眼光来看这次交易显然是"赔本"的，即便用1枚比特币来买两个披萨都是"暴殄天物"。但对于当时"初出茅庐"的比特币来说，能够用比特币进行支付，就是将中本聪所设想的比特币作为点对点的电子现金交易变为现实，即比特币可作为支付手段，这同样是比特币发展史上的里程碑事件。业内为了纪念这次"天价"的披萨交易，将每年的5月22日定为"比特币披萨日"（Bitcoin Pizza Day）。随着比特币的曝光度逐渐加大，比特币的价格逐渐上涨，对比特币的交易也逐渐专业化。2010年7月17日，全球首个比特币交易所MT.Gox成立，是兑换比特币的交易平台。MT.Gox曾一度是世界上最大的比特币交易所，承担着全球一半以上的比特币交易。但这个曾叱咤风云的比特币交易所因被多国政府施压，尤其是美国的施压，于2014年2月25日决定暂时关闭所有交易。位于日本东京的MT.Gox在2014年2月28日正式申请破产保护。这个比特币交易所巨头由于多国政府对主权货币地位的维护而退出历史舞台。

2011年6月9日成立的比特币中国（BTCChina）是中国第一家比特币交易平台。比特币中国在2013年4月联合壹基金发起比特币捐款用于四川救灾，后在 2013 年 9 月实行比特币交易免手续费。因为我国监管机构对私人数字货币采取了严厉的监管措施，比特币中国交易平台于 2017 年 9 月 30 日停止所有交易业务。

2012 年 11 月 28 日，比特币"挖"出的数量已经达到比特币总量（2100 万枚）的一半。这意味着未来比特币的"挖矿"难度逐渐增加而"挖"出速度降低。

2013 年应该是数字货币理论和实践发展的一个重要分水岭。因为 2013 年后，私人数字货币技术有了新的发展，而央行数字货币开始出现了概念性的理论。2013 年 9 月在"第八届数字信息管理国际会议"上的论文《官方数字货币》，首次提出了与私人数字货币相对应的概念——官方数字货币（Official Digital Currency），是指由国家或中央银行发行的、由替代传统纸币的系统生成的序列号。在此之后，多个国家开始了对央行数字货币的研究与设计，甚至有的国家直接借鉴比特币等私人数字货币的发行和运行思路发行了本国的数字货币。2013 年年底，以太坊创始人发布了第一版以太坊白皮书。以太坊是在比特币网络技术基础之上开发的，开启了点对点的智能合约交易。以太坊引入了智能合约，为数字货币的发展提供了无限可能。同时在我国发生的一件大事就是，2013 年 12 月 5 日，中国人民银行等国务院五部委联合发布了《关于防范比特币风险的通知》，明确提出"从性质上看，比特币应当是一种特定的虚拟商品，不具有与货币等同的法律地位，不能且不应作为货币在市场上流通使用"。

根据 2016 年 1 月 20 日中国人民银行官网上公开的新闻来看，我国早在 2014 年就成立了专门的数字货币研究机构开始对数字货币的研究。2015 年，英国中央银行——英格兰银行公开表明授权伦敦大学学院研究央行数字货币 RSCoin。英国是"第一个"公开表示进行央行数字货币研究的国家。英国中央银行研究 RSCoin 的目的在于强化本国的经济与国际贸易。位于南美洲的厄瓜多尔于 2015 年 2 月发行数字货币"厄瓜多尔币"，受到央行直接监管。市民可以使用"厄瓜多尔币"完成支付。不过，"厄瓜多尔币"并没有受到广泛的关注与使用，最终在 2018 年 4 月即被宣告停止运行。除此之外，突尼斯也在 2015 年发行了数字货币，主要用于支付、管理政府身份证明文件等。2016 年 1 月 20 日召开的中国人民银行数字货币研讨会中提出了中央银行发行的数字货币相较传统纸币所具有的优点、设计数字货币的原则、数字货币发展对中央银行货币发行和货币政策带来的机遇与挑战等。中国人民银行数字货币研究团队形成了以"央行数字货币研究与探讨"为主题的 16 篇研究论文，[①] 内容涵盖了央行数字货币发行的法律问题、对数字货币进行监管、数字货币对货币政策的影响、数字货币理论问题研究、区块链技术及其他技术在数字货币当中的应用、央行数字货币使用需要的环境、国际经验、网络安全等问题。

---

① 参见《中国金融》2016 年第 17 期。

2017 年，国际清算银行（BIS）发布文章《中央银行数字货币》。该文章提出了"货币之花"概念模型，包含两类央行数字货币的概念，分别是面向金融机构的批发型（wholesale）央行数字货币和面向公众的零售型（retail）央行数字货币。

2018 年 2 月，委内瑞拉政府宣布公开发行央行数字货币"石油币"（PTR）。"石油币"总发行量为 1 亿枚，1 石油币的参考销售价格为 60 美元，最小单位为 Mene（0.000000001）。委内瑞拉急于公开发行央行数字货币，主要用于缓解国内的通货膨胀和打破美国的经济封锁。不过，"石油币"一经发行就遭到了美国的抵制。

2019 年 6 月，脸书发布天秤币白皮书，这一举动震惊全球，让私人数字货币的发展出现了新的生机，而对一些主权国家来说，天秤币的出现无疑会给国家货币主权带来威胁。由于美国等国家对天秤币提出了合规要求，天秤币一再推迟发布时间并于 2020 年 4 月发布第二版天秤币白皮书，在 2020 年 12 月 1 日将 Libra 更名为 Diem。

2020 年 1 月，加拿大、英国、日本、瑞士、瑞典和欧盟六个中央银行与国际清算银行（BIS）成立了央行数字货币工作小组来评估央行数字货币的使用案例以及跨境过程中的互操作性。2020 年 3 月，国际清算银行发表了《零售型央行数字货币技术》论文，提出央行数字货币的"金字塔"图，从消费者需求来设计央行数字货币。在 2020 年，中国数字货币研发工作同样取得了全球瞩目的发展，在深圳、苏州等试点以"数字人民币红包"的方式使用数字人民币进行消费。

2021 年 1 月 5 日，在上海交通大学医学院附属同仁医院员工食堂可以使用数字人民币"硬钱包"支付，在"硬钱包"卡片的水墨屏窗口中可以直观看到消费金额、卡内余额和支付次数等信息。意料之中但仍让人觉得惊喜的是，北京市、上海市、广东省发布的 2021 年《政府工作报告》中都明确写入数字货币，广东省是"打造数字货币创新试验区"，而北京市和上海市则是推进数字人民币试点。

......

自从 2013 年之后数字货币的发展出现了明显的转折点，私人发行数字货币和央行数字货币都在不同程度上获得发展。尤其在 2020 年新冠肺炎疫情席卷全球的背景下，比特币等私人数字货币不断上涨的价格一次次刷新人们的认知，被用于支付的交易也在增多；而主权国家对央行数字货币的态度也在悄然发生改变，尤其是美国、日本等国家一改最初对央行数字货币消极的态度而投身于央行数字货币的研发工作中，疫情也成为央行数字货币研发和推出的重要催化剂。我们无法准确判断未来数字货币的发展走向，但私人数字货币和央行数字货币都将在各自领域内继续发展，直到找到各自精准定位后进一步发展。

2. 数字货币发展的类型

整体而言，将数字货币划分为央行数字货币和私人数字货币，是从数字货币发行主体的角度出发的。简单来说，央行数字货币是指由国家货币机构发行的、依法在一国境内流通的货币；私人数字货币是指由私人机构（个人或组织）利用区块链等技术设计数字货币产生与运行的规则后，在某一特定范围使用、具有特定功能的数字资产。如下将对私人数字货币与央行数字货币的分类进行简单说明。

（1）私人数字货币的分类

从私人数字货币发展的过程中可以看出，不同时期的私人数字货币都具有标志性的特征。私人数字货币从比特币开始到后来各种类型的私人数字货币，如根据数字货币（区块链）用户平台"币圈子"[1]统计的信息来看，交易的私人数字货币的数量已高达3000多种，私人数字货币的功能愈加丰富。

对于私人数字货币的文字表述，不同国家、不同语境下都不同，如"加密资产""加密数字货币""加密货币""虚拟货币""数字资产""通证"等。如上表述并没有孰优孰劣之分，私人数字货币具有不同功能而代表不同属性的数字资产，使用"通证"的文字表述更贴切。如证券型通证、支付型通证、实用型通证等。当前，在私人数字货币中，除了比特币始终被持续关注外，稳定币是个热词。

（2）央行数字货币的分类

2017年国际清算银行发布的《中央银行数字货币》报告中提到了央行数字货币分为批发型央行数字货币和零售型

---

[1]　参见：www.120btc.com。

央行数字货币两大类，研发央行数字货币的国家也大多二者择一。2020年发布的《央行数字货币的兴起：动因、方法与技术》一文中指出，截至2020年7月中旬，至少有36个中央银行在进行央行数字货币工作，18个中央银行发布了零售型央行数字货币的研究报告，13个中央银行宣布进行批发型央行数字货币的研发工作。而厄瓜多尔、乌克兰和乌拉圭已经完成了零售型央行数字货币的试点工作；巴哈马、柬埔寨、中国、东加勒比货币联盟、韩国和瑞典正在进行零售型央行数字货币的试点工作。

两种类型的央行数字货币并无明显的优劣之分，使用场景的不同决定了不同类型的央行数字货币所具有的特征。简单来说，批发型央行数字货币主要用于金融机构的清结算场景，即常用于大额支付；而零售型央行数字货币主要用于公众的日常支付场景，即常用于小额支付。当然，因为两种类型央行数字货币使用对象不同，决定了中央银行在发行央行数字货币时所采取的监管措施也不尽相同。

采用批发型央行数字货币进行研发，将会提升支付的清结算效率、降低支付成本，因为使用对象多为金融机构，中央银行更容易实现对使用批发型央行数字货币的金融机构的监管，以确保批发型央行数字货币系统的安全、高效、稳定运行。如新加坡研发的就是批发型央行数字货币，被称为"乌敏岛计划"（Project Ubin），旨在通过在国家与金融机构之间构建高效的清结算系统来维持国际金融中心地位。而**采用零售型央行数字货币进行研发**，更加注重公众的便捷支付体验，强调普惠金融的实现。因为适用对象主要是公众，中央银行在面对庞大的用户数量和频繁、大量的日常支付上需要投入更多的成本以确保零售型央行数字货币安全、持续、高效运行。毋庸置疑的是，零售型央行数字货币将直接用于公众的日常支付，中央银行有机会利用央行数字货币对用户行为进行监管，并能够成为国家货币政策、财政政策等高效、精准执行的工具。不过，也正是因为零售型央行数字货币直接面向的是公众日常支付，一些电子支付产业十分发达的国家起初对央行数字货币并不抱有过多兴趣，典型国家如日本和美国，认为第三方电子支付可以满足本国公众日常支付的需要。但随着数字货币在全球发展的势不可挡，加入央行数字货币研发，甚至是组成央行数字货币研究工作小组，是这些拥有第三方电子支付优势国家不甘在数字货币竞争中落后的直接表现。

不过，主权国家在央行数字货币研发中并非择一类型而终，专注于批发型或零售型央行数字货币是其当前研发的起点，即便有的国家同时研发或发行两种类型的央行数字货币都是该国家根据本国公众需求、交易需求等作出的适应性调整。各国需要考虑的是如何构建央行数字货币的统一标准或兼容标准，以使得不同国家发行的批发型央行数字货币或零售型央行数字货币在跨境使用中更容易兑换和支付。央行数字货币的出现应有助于国家间打破跨境支付的壁垒，有助于世界人民享受央行数字货币发行带来的便利，而非利用技术制造新的或更加顽固的壁垒。

三、我国数字货币与易混概念的区分

之所以在此处安排我国数字货币与相关概念的辨别，就在于一经提出我国数字货币研究计划和试点运行后，公众对数字货币实则充满了疑惑。一是，数字货币与货币的数字化有什么区别，当前人民币不是已经可以数字化后使用，为什么还要所谓的数字货币？二是，数字货币是比特币吗，还是比特币、以太币这种类型的数字货币可以作为货币使用？三是，我们用支付宝、微信支付已经十分便捷了，为什么还需要数字货币？为了回答上述问题，有必要对数字货币与相关概念进行区分，才能凸显数字货币的优势。在这些易混概念中，大致可以分为两类，一类是直接与数字货币相关的概念，如纸币、货币的数字化；二是与数字货币功能相似的概念，如比特币、Q币、支付宝或微信支付。

（一）与数字货币相关概念的区分

1. 数字货币与现金（传统货币）

很显然的是，我国研发和试点的数字货币定位于我国的法定货币，在这一点上，与现金相同。二者最大的区别就在于表现形式上，数字货币是数字形式的货币，现金是有物理实体的货币。本书将纸币称为传统货币，是为了与新出现的数字货币相区别。不过，值得注意的是，纸币是我国法定货币人民币的一种具体表现形式，这是我国《中国人民银行法》和《人民币管理条例》中明确规定的，人民币所具有的法定货币地位是有着明确法律依据的，《人民币管理条例》将人民币分为纸币和硬币两种形式；但反观数字货币，因为当前我国数字货币尚处于研发和试点阶段，并没有被正式写入我国的法律中。

严格说来，数字货币目前并不具备法定货币地位。中国人民银行于 2020 年 10 月 23 日公布的《中国人民银行法（修订草案征求意见稿）》中提出人民币包括实物形式和数字形式，为发行数字货币提供法律依据做了准备。当然，如果在这个条件下讨论数字货币与纸币的区别，那显然是无意义的。所以，应将数字货币视为与纸币具有相同地位的法定货币。

其实，关于数字货币与纸币区别的讨论很多。大致可以分为两个思路：一是将数字货币定位于纸币的替代或补充，都是公众进行日常支付使用的；二是数字货币发行相较于纸币来说，将具有节约成本、提高交易效率、促进国家货币政策执行等优势。关于数字货币与纸币的关系中，有一个细微的表达需要注意。中国人民银行相关负责人在早期谈论数字货币时，常用的表述是"数字货币是纸币的替代"，虽然是指数字货币在未来的流通使用中会替代一部分纸币，不排除未来完全取代纸币。

但从现实情况来看，纸币还将长期存在，因而直接使用"替代"一词并不恰当。现在常用的表述是"数字货币是纸币的补充"，这样的表述更为准确，**数字货币与纸币的存在**

并不是"或"的关系,而是"和"的关系,也就是说即便未来正式发行数字货币,纸币仍将长期存在。那么,数字货币与纸币(传统货币)有什么不同,或者说数字货币相较纸币有哪些进步呢?

首先就是匿名性的问题,在消费者愈加重视个人信息保护的背景下,货币的匿名性问题也将更被关注。很显然,纸币能够满足匿名性的需求,纸币不记名,通常推定纸币持有人即为所有人。这同样也是纸币的弊端,即纸币的安全性较差,即一旦丢失纸币,意味着持币人丧失了对纸币的占有,因为不记名,通常难以找回。将纸币存入银行变成存款货币后,能够满足公众对个人财产安全性的需求。而当前我国数字货币主要作为流通中现金(纸币)的补充,所具有的技术属性可以使其同时满足匿名性和安全性的要求。在匿名性面前,纸币的匿名性要强于数字货币,因为纸币是完全匿名性,而数字货币是有限匿名性,数字货币持有人对于中央银行而言是实名的。

其次就是货币的防伪重点发生改变。纸币的防伪成本相当高,可以说,纸币的原料、材质、图案等都是为了提高伪造的成本,从而达到防伪的目的。除了防伪机制外,纸币还需要库存管理来保障安全。虽然纸币的防伪机制不断提升,但仍有假币存在。而数字货币是由国家发行的、具有唯一编码、在特定网络中流通使用的货币,从这个角度来看,数字货币自身难以被伪造,即便被伪造了,也难以被货币网络系统识别;同时,数字货币并不存在实物形态,所以也不需要库存管理，这直接降低了货币制造和存储等成本，更是会对当前已有的货币法律体系产生影响，如刑法上对假币的规定。从某种程度上来说，可以将数字货币视为对纸币的一种技术"改良"。

2. 数字货币与银行账户（货币的数字化）

之所以将数字货币与货币的数字化进行区分，是因为二者在文字表述上十分相似，稍不加注意，就会将二者混同。二者都与法定货币有关系，从外观上都以数字形式体现。但二者含义的确不相同，数字货币本质是法定货币，与当前流通的纸币、硬币地位相同，不过是随着科技的发展，法定货币的形式也相应发生变化，是用数字形式替代实体形式的法定货币。而货币的数字化，可以借用姚前的观点：法定货币的数字化本质是一种"数字符号"，是现有法定货币的信息化过程。货币的数字化可理解为与实物货币对应的数字化表达。[1]简单来说，**数字货币与纸币是替代（或补充）关系，法定货币的数字化与纸币是形式转化关系。**

法定货币的数字化与当前的电子支付体系密不可分。当前愈加发达的电子支付使得交易双方无需再携带实物货币进行交换，交易结束后直观的变化只是交易双方银行账户上变动的数额。从这个角度还可进一步详细说明数字货币与货币的数字化之间的区别。根据当前对数字货币的定位，即便我国在发行投放设计上仍采用"中央银行—商业银行"的二元

---

[1] 姚前：《中国法定数字货币原型构想》，载《中国金融》2016 年第 17 期。

模式进行，但零售型数字货币的定位决定了其面向公众发行。如果仍然觉得对这句话难以理解，那么，就将数字货币直接当成钱包里的现金，只不过这个现金需要我们借助特定工具才能看见。

货币的数字化可以理解为，我们将手中的现金存入商业银行后变成了存款货币，此时的存款货币就不只是现金作为法定货币时由中央银行（国家）的信用作为价值来源，而主要是商业银行的信用。可以从两个角度来对此进行理解，一是通常存款货币和现金（法定货币）可以相互转化，一旦现金以存款货币存入商业银行，商业银行只是在用户账户上记录下相应存款货币的数额，而商业银行则可以利用无数用户的存款货币进行贷款等日常经营活动。

如果对第一个角度理解得并非十分透彻，可以通过第二个角度来理解，根据《商业银行法》第 71 条规定："商业银行破产清算时，在支付清算费用、所欠职工工资和劳动保险费用后，应当优先支付个人储蓄存款的本金和利息。"这也就意味着一旦商业银行破产，作为用户是有可能取不回存款的；而且第 64 条进一步规定："商业银行已经或者可能发生信用危机，严重影响存款人的利益时，国务院银行业监督管理机构可以对该银行实行接管。接管的目的是对被接管的商业银行采取必要措施，以保护存款人的利益，恢复商业银行的正常经营能力。被接管的商业银行的债权债务关系不因接管而变化。"即便商业银行被接管，用户的存款货币作为对商业银行的债权仍由商业银行进行偿还。

其实，支付宝、微信等第三方支付实则也可被纳入货币数字化的范畴，因为我国的第三方支付都是在货币数字化基础上发展起来的，离不开商业银行的账户，但仍有所差别，下文将会具体介绍。

（二）与数字货币功能相似概念的区分

1. 数字货币与支付宝、微信支付（第三方支付平台）

其实，我们更关心的是数字货币究竟和我们早已习惯使用的支付宝、微信支付有什么不同。或者说，我们都知道以支付宝支付和微信支付为代表的第三方支付十分发达，在全世界第三方支付中都处于领先位置，在如此便捷的情况下，再发行所谓的数字货币，于我们老百姓而言，是否还需要花时间来适应新的支付方式、是否会带来实质性的能够改变生活品质的变化。又或者说，既然数字货币与第三方支付都是用于日常支付，那么，我们为什么要放弃当前已经习惯的、便捷的、被普遍接受的第三方支付方式，而选择使用我们还十分陌生的数字货币？对数字货币与第三方支付之间的疑惑，首先需要我们对二者进行区别，在此基础上才会明白数字货币与第三方支付之间的关系，是替代还是相辅相成。

关于数字货币与支付宝、微信支付等第三方支付之间有两个不同之处：

第一，数字货币与第三方支付根本就不是一个范畴内的两个概念，简单来说，数字货币是货币，支付宝和微信支付等第三方支付是用来存储货币并用来支付的一种工具平台。

当然，从这个角度看，数字货币与第三方支付具有共同点，即都可以用来进行支付，只不过数字货币是支付工具本身，要依靠数字货币钱包等完成支付；而支付宝、微信支付等第三方支付是用来支付货币的一种具体手段，可以将其视为一种钱包。数字货币也可以用支付宝、微信支付作为钱包进行支付，也就是支付宝、微信除了与商业银行的账户直接对接外，也可以接入数字货币，直接作为数字货币的钱包。**形象地说，数字货币是在"管道"支付宝、微信支付等第三方支付平台内流通的"石油"。**

第二，数字货币与第三方支付的不同实则反映的是各自背后所依托的银行不同，这也是穆长春所长所澄清的数字货币与支付宝、微信支付并非竞争关系的原因所在。数字货币是由中央银行发行的，直接代表并体现的是中央银行的信用，经由法律确认后是具有国家强制力保障流通的法定货币；而支付宝、微信支付等第三方支付平台与法定货币也有一定联系，与其直接发生关系的是商业银行，无论是蚂蚁金融旗下的商业银行还是腾讯旗下的商业银行，第三方支付平台仍然要通过商业银行进行支付，也就是说，第三方支付平台背后是以商业银行的信用作为支撑的。正因为如此，根据当前对数字货币的设计，我们是直接使用中央银行发行的数字货币进行日常支付，并不需要或较少支付交易的手续费；而用支付宝、微信支付进行支付时，因为还需要从商业银行存取货币，通常需要按照存取货币的数额来支付一定比例的手续费。

仔细思考一下，如果从中央银行与商业银行角度来看数字货币与支付宝、微信支付等第三方支付，并不会形成竞争关系，因为这就是我国当前的货币发行投放的二元模式；但如果从交易手续费收取情况来看，支付宝、微信支付等第三方支付可能会处于弱势。对此，有人撰文指出，"数字人民币或可提供更便宜也更便捷的零售商品支付方式，并将在这一领域与由支付公司和商业银行提供的支付服务展开竞争"。[①]

不过，数字货币未来是否会与支付宝、微信支付等第三方支付竞争，要交由公众对此进行检验。

2. 数字货币与比特币、以太币、天秤币（私人数字货币）

在我国语境下，比特币、以太币、天秤币等私人数字货币都被称为"虚拟货币"。关于央行数字货币与私人数字货币的区别，笔者的基本观点是，私人数字货币与央行数字货币最大的不同在于发行主体上。[②]本书中想再进一步补充和深化的是央行数字货币与私人数字货币之间的另一差别就是是否具有合法性问题，这在我国背景下讨论也十分有意义，从上文中介绍我国监管部门对虚拟货币发布的一系列规范性文件也可看出。

首先，央行数字货币与私人数字货币最大的区别在于发

[①] 《标普：数字人民币可能对支付平台构成冲击》，来源："21财经"2020年11月12日。

[②] 参见李晶：《"区块链＋通证经济"的风险管控与对策建议》，载《电子政务》2019年第11期；李晶：《"监管沙盒"视角下数字货币规制研究》，载《电子政务》2020年第11期。

行者上。最初的私人数字货币比特币运行在去中心化的区块链网络中，依据代码设计好的发行机制产生比特币，并由经济激励机制确保比特币社区持续运行，具体经由"矿工"投入算力"挖"出来。在这个过程中既没有中央银行作为发行机构，也没有可信任的第三方机构确保交易的安全，交易过程的安全性由技术保障以及社区成员的自觉维护。比特币的产出比拼更多的是算力，"挖"比特币的游戏现在已不是个人能够直接参与的了。而代表央行数字货币地位的关键词便在于"央行"和"货币"上，"央行"表明了数字货币的发行主体是中央银行，代表国家货币权力行使，而"货币"则代表了在一国具有法偿地位。

从当前央行数字货币研发情况来看，虽然有个别国家已经发行数字货币，世界主要国家和经济体的中央银行仍在谨慎测试中，但一旦准备发行，中央银行通常是发行主体，是"中心化"的、"集权化"的。至于中央银行是否会采用区块链技术，如何利用区块链技术，这完全是一国根据本国实际情况而自主决定的事项，但是在数字货币可能成为未来国际货币的主流形式的趋势下，各国央行数字货币之间如何彼此互换，以促进形成更安全、高效、公平的国际货币秩序仍然需要各主权国家考虑。

其次，央行数字货币与私人数字货币的另一重要区别就是合法性问题。 即便当前发行央行数字货币的国家并不多，但研发央行数字货币的国家越来越多也的确是不可争的事实。根据国际货币基金组织（IMF）公布的报告《央行数字货币的法律问题：中央银行与货币法思考》就得出一些关于央行数字货币的一般性结论，如大多数中央银行法律目前并未授权向公众发行央行数字货币；从货币法的角度来看，"货币"地位能否归属于央行数字货币并不明显。

虽然数字货币的发行可能是趋势，但发行数字货币要有法律的明确授权，这是数字货币获得合法地位的前提，即便数字货币是由中央银行发行。有明确的法律规定或授权，中央银行发行数字货币以后，数字货币就取得了国家主权货币的地位。而私人数字货币诞生之初，国家监管部门对这个新事物并不了解，无法对其直接进行监管，在这个阶段，私人数字货币是在没有监管的情况下发展，而非是"法律真空"下发展。

在主权国家监管部门对私人数字货币有所了解后，或者将其认定为可被已有法律体系监管的对象，或者通过制定新的法律规范对其进行监管，甚至是禁止其发展。从这个角度看，私人数字货币是否具有合法性并不是一个十分确定的事情。以我国为例，对私人数字货币的态度是允许发展—限制发展—禁止发展。当前，**以"去中心化"、区块链新技术等噱头吸引大众关注，利用私人数字货币传销、诈骗、集资等违法犯罪行为仍有发生。不要相信任何"某币"项目，更不要相信投资"某币"就可"躺赚"。**

3. 数字货币与 Q 币（虚拟货币）

之所以以 Q 币为例，是因为使用过腾讯 QQ 的用户可能会听说过这样的"货币"。Q 币的使用范围是有限的，即只能用于购买与腾讯 QQ 相关的商品或网络服务，一旦脱离腾讯 QQ 的环境，Q 币就无法使用。除了 Q 币之外，网络游戏中也会有一些特定的"币"用来购买游戏服务。这种类型的"币"在我国被称为虚拟货币。

像 Q 币这样的虚拟货币具有如下特征，一是私人机构发行，二是需要用法定货币购买虚拟货币，三是存储在特定服务器内，四是以数字形式表现，五是可以兑换网络游戏商品或服务。不难发现，虚拟货币与数字货币也是有联系的，一旦发行数字货币后，其作为法定数字货币，是可以用来购买虚拟货币的。

一经对比，就可发现数字货币与虚拟货币之间的差别：**首先是发行主体的不同**，发行主体的不同决定了虚拟货币不具有货币地位。**其次是虚拟货币仅在特定范围内使用，不可与法定货币双向兑换**。即法定货币可以被用来购买虚拟货币，此时的**虚拟货币可视为一种特殊的虚拟商品**；而虚拟货币不可以直接兑换为法定货币。**最后，数字货币与虚拟货币使用范围不同**。用户以法定货币购买虚拟货币后，可使用虚拟货币在一定范围内进行支付，而不能在市场上流通使用。

对虚拟货币进行特定范围使用的限制，是因为根据《中国人民银行法》规定，"以人民币支付中华人民共和国境内的一切公共的和私人的债务，任何单位和个人不得拒收"（第15条），"任何单位和个人不得印制、发售代币票券，以代替人民币在市场上流通"（第19条），让虚拟货币在市场上流通是违法行为。而数字货币一旦发行获得法定货币地

位，具有法偿性，在境内可以流通使用。我国监管部门在
《关于防范代币发行融资风险的公告》中将私人发行的数字
货币称之为虚拟货币，旨在通过概念划定的方式限定私人
数字货币的使用范围，禁止其代替法定货币在我国市场上
流通。

第二章　数字货币的特点

场景二：使用数字货币就像使用现金一样方便

　　简单罗列一下，当前我们主要用现金、支付宝或微信支付、银行卡进行日常支付。现金需要随身携带，支付宝或微信支付需要安装软件，银行卡需要刷卡或绑定软件使用，看似我们在日常生活支付中有很多选择，但仔细想一想，我们在日常生活支付中又有多少的选择余地呢？

　　"不好意思，我们不接受现金付款，只接受支付宝或微信支付。"

　　"请在如下线上支付方式中选择：银行卡支付、微信支付……"或"请在如下在线支付方式中选择：银行卡支付、支付宝……"

　　"我们在 A 窗口支持现金和支付宝、微信支付，B 窗口只支持银行卡支付……"

......

都说电子支付带来便捷生活，而我们为了这样的便捷生活又割舍掉了什么？以前只需要随身携带现金，而现在需要准备好现金、银行卡、手机中安装各种支付软件。以前爷爷奶奶只需要随身携带现金就能购物回家，现在还要学习手机支付。在互联网平台宣布只与某一电子支付平台合作后，我们是选择接受这样的改变而使用这种电子支付方式，还是直接卸载该互联网平台 App ？

我国发行数字货币后如上困扰我们的问题能够有效解决：数字货币与现金并无二致，可认为就是数字版的现金，放在手机下载好的"数字人民币钱包"中就可以使用；是选择支付宝支付还是微信支付，都可以使用"数字人民币钱包"进行支付，支付数额直接进入收款方的支付宝账户或微信支付账户；可以将"数字人民币钱包"绑定你所有的不同银行卡。简单来说，"数字人民币钱包"作为一个"钱袋子"，把你的数字人民币、微信支付和支付宝、银行卡统统装进去，无论收款方支持何种收款方式，都可以通过"数字人民币钱包"来直接使用数字人民币进行支付。

老年人不擅长使用支付宝、微信支付，现在新出来的用"数字人民币钱包"App 进行支付是否仍对老年人"不友好"？其实，除了安装在智能手机上的"数字人民币钱包"App 外，还有将数字货币存储在智能设备、芯片卡等物理载体的"数字人民币钱包"。我国的数字货币将面向社会大众，让每一个人都能享受到国家科技进步所带来的公共服务。

2019 年 8 月 10 日，穆长春介绍了我国数字货币的具体实践 DC/EP 的情况。穆长春表示："央行做上层，商业银行做第二层，这种双重投放体系适合我们的国情。既能利用现有资源调动商业银行积极性，也能够顺利提升数字货币的接受程度。"DC/EP 的设计"保持了现钞的属性和主要特征，也满足了便携和匿名的需求，是替代现钞比较好的工具"。姚前提到，我国设计法定数字货币的基本思路是仍保持当前中央银行主导发行和流通地位，既发行实物现金，也发行法定数字货币，这意味着我国的 M0 将包括纸币、硬币和法定数字货币，同时也表明法定数字货币将替代部分纸币和硬币。[①] 故而，数字货币既具有现金的特点，也因技术特点而具有新的特点。

一、数字货币保留的现金特点

新华社曾发表过周小川关于数字货币与现金关系的文章，周小川认为：**中国数字货币的发行、流通和交易，应当遵循传统货币与数字货币一体化的思路，实施同样原则的管**

---

① 姚前:《中国法定数字货币原型构想》，载《中国金融》2016 年第 17 期。

理。① 从这个角度来看，数字货币与纸币具有同等地位。其实关于二者的关系，穆长春给了我们通俗易懂的解答，"数字人民币和纸钞、硬币等价，纸钞能买的东西，数字人民币都能买；纸钞能兑换的外币，数字人民币也能兑换"。

按照国际上两种类型的央行数字货币分类法，我国央行数字货币属于零售型央行数字货币。为了确保我国央行数字货币不被超发，要求指定的商业银行向中央银行 100% 缴纳准备金；同时，我国的数字人民币不计息，以保护商业银行的利益。

（一）中央银行发行

无论是数字货币还是现金，都是由我国中央银行发行。在我国，中国人民银行是中央银行，具有发行法定货币的权力。数字货币经过法律确认后，将具有与现金同等的法定地位。同时，发行法定货币也是中央银行的义务，中央银行有义务根据市场需求发行一定量的法定货币，并确保法定货币的安全。

1. 数字货币将获得法定地位

数字货币一旦发行将以法定货币的地位出现，即数字货币具有法定地位，应该由法律明确规定。从当前来看，我国《中国人民银行法》虽未直接规定法定数字货币，但在第 15 条规定了"中华人民共和国的法定货币是人民币。以人民币

---

① 《周小川提到的"数字货币"意味着什么？》，来源：新华社 2016 年 2 月 17 日。

支付中华人民共和国境内的一切公共的和私人的债务，任何单位和个人不得拒收"。该条并未规定人民币的形式，数字货币和纸币都可以是人民币。不过，从中国人民银行于2020年10月23日公布的《中国人民银行法（修订草案征求意见稿）》来看，将数字货币作为人民币的一种形式明确写入修订草案中，意欲通过法律规定的方式确定法定数字货币的法定地位。这是我国数字货币不同于私人数字货币的特点。

2. 数字货币仍由国家主权背书

之所以强调法定数字货币由国家主权背书，一方面是为了与私人数字货币相区分，私人数字货币往往缺少内在价值来源而被认为难以与由国家信用背书的法定数字货币相媲美。不过，稳定币通过锚定法定货币等真实财产的方式获得价值。同样值得注意的是，随着2021年越来越多的商业巨头购买比特币，比特币的价格也水涨船高，接受度也随之增加，使得比特币等私人数字货币"名声在外"。另一方面则是一国的法定数字货币在一定程度上代表了一国主权。法定数字货币的价值直接与一国综合实力相关，国家信用的普遍信赖决定了法定数字货币价值的相对稳定和广泛认可。这也是为什么国家对涉及货币的违法犯罪行为持严厉打击态度的原因。

3. 数字货币将具有法偿性

数字货币作为法定货币，与现金一样，都具有法偿性，所以法定货币又叫法偿货币。法偿货币是法律规定用于偿还债务的货币，债权人不能拒绝债务人用具有强制流通能力的货币偿还债务。法定货币的法偿性是从法定货币用于日常支付的基本功能的角度出发而显示出来的性质，体现的是交易双方债权实现与债务履行的具体法律关系。[①]

具体而言，法偿性又可分解为如下具体属性。**一是法律强制性**。法定货币的法偿性由国家法律明确规定，法定货币由法律确定。如《中国人民银行法》第16条分别确定了我国的法定货币是人民币；人民币的法偿性具有属地性，即通常在中国境内使用。**二是不得拒收性**。《中国人民银行法》第16条还规定任何单位和个人不得拒收以人民币支付的一切公共和私人债务。《人民管理条例》第3条对此也进行了明确规定。不过，法定货币的"不得拒收性"虽由法律法规规定，但并没有规定"如果拒收"将承担何种不利后果。**三是偿还人民币形式的自由选择性**。当前，支付人民币可选择实物形式（纸币和硬币）和电子形式（银行卡、信用卡、第三方支付）两大类，在条件允许的情况下债务人可自由选择支付形式。

4. 仍采用"中央银行——商业银行"二元模式发行

在发行现金时，并不是中央银行以一己之力完成，而是充分利用了商业银行的力量实现法定货币的投放与流通。法定数字货币发行和流通框架通常有两种模式可供选择，一是中央银行直接向公众发行，即为直接模式；二是采取"中央

---

① 张庆麟：《论货币的法律概念及其法律属性》，载《经济法论丛》2003年第2期。

银行—商业银行"二元模式，为间接模式，也是我国当前法定货币发行的模式。从当前我国对数字货币的初步设计架构及与商业银行等金融机构合作的迹象上来看，我国采取的是二元模式。

采用这种模式主要有以下几个考量：一是对当前货币的发行和流通制度不作过多调整，保持我国货币制度、金融市场的稳定性；二是采取与现金同步发行的方式来逐渐替代现金，是为了让公众有个逐渐适应的心理过程，对数字货币的发行和流通不会有过多抵触心理；三是我国金融市场庞大，采用二元结构，一方面可以依靠商业银行等金融机构来分散金融风险，另一方面则是调动和利用商业银行等金融机构的积极性与所具有的金融市场优势，更好地服务于人民、发展经济。作为替代（补充）现金发行的法定数字货币，保留了现金的法律属性。

数字货币的诞生本身就是由私人开始的，我国数字货币的发行由中央银行主导，也允许私人机构的参与，这是为我国数字货币的发展贡献各自的智识，也是为我国数字货币获得广泛公众认可奠定基础。从这个角度也可看出，我国的数字货币代表的是公共利益，不是中央银行的利益，故而需要我们共同努力。

（二）用于日常支付

1. 满足无网络下的支付需求

我国数字货币与现金定位相同，那么其所具有的基本功能定位也相同，即都主要用于公众日常支付。数字货币用于日常支付，可以将其想象成是与支付宝、微信支付等电子支付相似的一种支付方式。不过，我国数字货币如果能被用于日常支付，就要考虑到支付宝、微信支付等电子支付在没有网络环境下无法支付的情形。

根据已经公开的我国数字货币采用的技术，有一项技术可以解决无网络情况下的数字货币支付问题，即"双离线技术"。也就是数字货币在网络较差和无网络情况下都可用于支付，这就意味着在偏远贫困地区、网络信号没有覆盖或信号差的地区也可使用数字货币进行支付，这样就可以达到与使用现金相同的效果。"你可以想象这样的场景：只要你我手机上都有 DC/EP 的数字钱包，那连网络都不需要，只要手机有电，两个手机碰一碰，就能把一个人数字钱包里的数字货币，转给另一个人。"[1]

2. 数字钱包的设计考虑到不同群体

在我国早期数字货币研发中，就有过对数字货币是否要基于账户的讨论。周小川对此进行了介绍，他认为法定数字货币可以分为基于账户的和不基于账户的。[2]姚前则提出法定数字货币可以基于账户和基于钱包，[3]是"中央银行直接对金融机构和社会公众发行的电子货币，属于法定货币的一种

---

[1]　穆长春：《科技金融前沿：Libra 与数字货币展望》，来源："得到 App"课程。

[2]　《专访周小川——央行行长周小川谈人民币汇率改革、宏观审慎政策框架和数字货币》，载《财新周刊》2016 年第 6 期。

[3]　姚前：《中国版数字货币设计考量》，载《中国金融》2016 年第 12 期。

形态，而且不一定采用区块链内 Token 的形式"。① 从目前来看，数字货币的设计倾向于基于钱包，这是我国数字货币打出的一张特色"牌"，既能方便公众用于日常支付，也能增强中央银行更直接的管控能力。

同时，为了确保数字货币用于日常支付时可以照顾到不同群体的需求，除了采用"双离线技术"确保有网和无网的情况下进行支付外，还设计了数字货币钱包。当前已经出现的数字货币钱包有两种类型，一种是专门的数字货币钱包，可以与商业银行账户进行互联互通，公众无需在商业银行开立账户就可用数字货币钱包进行支付；另一种是数字货币"硬钱包"，也就是为公众提供多种数字货币支付和存储的终端选择，无论是不愿意使用智能手机还是没条件使用智能手机的公民都可以选择"硬钱包"，如 IC 卡等硬件都可以作为数字货币"硬钱包"的载体。

需要明确的是，放在数字货币钱包中的数字货币并不会产生利息，即便我们的数字货币钱包绑定了商业银行的账户，商业银行也无权使用我们数字货币钱包内的数字货币进行经营活动，这样一来，我们个人财产的安全性得以提高，比存在商业银行的存款安全性高，也比拿在手中的现金安全性高。

虽然我国的数字货币定位于日常支付使用，是现金的补充，但我国并没有放弃数字货币在大额结算中应用的研发。

① 徐忠、邹传伟：《区块链能做什么、不能做什么？》，来源：《中国人民银行工作论文》，2018 年第 4 号。

如在 2021 年 3 月 15 日，大连市两个企业使用数字人民币完成了燃油交易的结算。

（三）匿名性

数字货币的匿名性问题是公众普遍关注的问题，也是中央银行在设计数字货币过程中考虑的重要问题之一，同时也关乎我国依托数字货币推进人民币国际化的成效。中肯地说，我国的数字货币具有一定的匿名性，与支付宝、微信等电子支付方式相比，匿名性程度较高，可以保护用户的个人信息；而与现金相比，现金的匿名性程度最高。数字货币的匿名性是相对于商业银行等金融机构以及与用户进行交易的其他人，但对于中央银行来说，公众在使用数字货币时并不拥有绝对的匿名性。

1. 匿名性弱于现金

数字货币的匿名性设计是为了保持与现金相同的特征，即便匿名性程度达不到现金的程度，但已可起到保护消费者在一般交易过程中的个人信息的作用。虽然中央银行可以分析全部与数字货币相关的数据，但于中央银行而言，我们每个人的交易信息更多的是统计学意义上的使用，而非锁定具体的个人，除非某个人用数字货币从事违法犯罪行为被中央银行常规监测系统监测到。

2. 匿名性强于第三方支付

此外，数字货币的匿名性设计也是为了与支付宝、微信支付等电子支付相区别。我们使用支付宝、微信支付等电子支付平台进行收付款，都是实名制的，手机号、银行账号、身份证号都可以与我们每个人直接联系，而且我们通过支付宝、微信支付等电子支付平台进行的每一笔交易都被该平台记录，不只会成为该平台重要的战略资源，还会成为该平台与其他业务伙伴合作的重要谈判筹码。是的，你没看错，我们的交易数据不只会被这些私人机构记录，还可能被他们进行再交易，这已经是"公开的秘密"。而数字货币的设计则会避免我们的个人信息被私人机构过度收集、使用，甚至是泄漏。从这个角度看，数字货币的匿名性可以起到保护个人信息的效果。

二、数字货币的新特点

之所以强调数字货币的新特点，就是为了向大家展示：数字货币虽作为现金的补充（或替代），但因具有新的特点而成为新的货币。可以将其理解为，商品货币时代金属货币的出现，金属货币时代纸币的出现，纸币时代（信用货币时代）数字货币的出现。数字货币的新特点表明了数字货币与现金并不完全相同，这种不同不只是表现形式的不同。本书会在此介绍几个中国人民银行相关负责人反复提到的数字货币的新特点。当然，我国的数字货币仍在研发阶段，其究竟具有哪些特点我们尚不可知，但我们可从当前已经表现出来的一些特征进行介绍，仍可帮助我们了解数字货币。

（一）数字货币与现金不同

我国最早关于数字货币与现金不同的表述出现在2016年1月20日中国人民银行举办的数字货币研讨会上。该研讨会上对数字货币的介绍就是通过对比传统纸币来体现其所具有的优势的，"发行数字货币可以降低传统纸币发行、流通的高昂成本，提升经济交易活动的便利性和透明度，减少洗钱、逃漏税等违法犯罪行为，提升央行对货币供给和货币流通的控制力，更好地支持经济和社会发展，助力普惠金融的全面实现"。

从某种程度上说，数字货币就是数字化的现金，用于日常支付，属于零售型数字货币，几乎具备现金的所有优势。但二者因为使用技术的不同仍然存在不同之处，其中，被公众最为担忧的恐怕就是数字货币的匿名性弱于现金。大致总结二者之间的差别如下：

（1）数字货币是虚拟与实体货币的统一体，本质与纸币相同，都是实体货币，即都代表了国家信用，只是在形态上有所差异，从而表现为虚拟性。

（2）数字货币具有天然的跨境流通性，但囿于货币主权性，数字货币在境外流通要以双边或多边协议为前提，这一点与纸币无异。

（3）法定数字货币实则是纸币的"升级版"，即在安全性和实用性上较纸币又进一步，这是货币随着技术发展而不断发展的必然，这决定了数字货币是综合性货币。

（4）综合性货币，即数字货币是数字形式，金额大小与数量多少都是数字的变化，而无纸币物理形状大小、面额大小等区分，既节省国家发行货币成本，也便利公众对货币的使用。

（5）数字货币的数字性为便利国家监管和宏观调控提供可能，持币人对国家监管机构而言是相对透明的，不同于现金的匿名性。

（二）低成本

数字货币发行流通的成本将会低于发行流通现金的成本，这成为数字货币不容忽视的一大优势。需要注意的是，从数字货币自身角度出发来看其所具有的特点，成本低并非其特点，而是因其所具有的特点而展现出来的优势。不过，因为当前对数字货币特点描述中，经常谈到的就是数字货币的低成本，故而，本书将其纳入数字货币的新特点中。

现金的发行成本很高，是中央银行一项重要的财政支出。不过，我国印制现金的成本尚不可知，但可以通过观察美联储印制美元的成本有个直观的印象。根据美联储公开的信息来看，美联储公开的 2020 财年的货币运营预算（8.772 亿美元）中有 90% 是美元直接印制成本，10% 用于货币运输、防伪计划、新的 BEP 设施及其他相关费用等。具体而言，印制 1 美元和 2 美元纸币的成本是每张 7.7 美分（1 美元 =100 美分），5 美元的成本是每张 15.5 美分，10 美元的成本是每张 15.9 美分，20 美元和 50 美元的成本是每张 16.1 美分，100 美元的成本是每张 19.6 美分。根据美联储多年数据统计来看，1 美元的使用寿命是 6.6 年，5 美元是 4.7 年，10 美元是 5.3 年，20 美元是 7.8 年，50 美元是 12.2 年，100 美元是 22.9 年。

我国纸币票面数额与美元基本一致，虽然我国纸币没有达到美元可以在世界上广泛流通使用的地步，但仍要满足我国十几亿人民的日常支付需要，每年印制现金的成本可想而知也是一大笔支出。除此之外，现金是有使用寿命的，这同样是现金的成本。而对比数字货币，不需要印制的材料、人工成本，也没有使用寿命到了之后回收的成本等。略想一下，这将会节省大量成本。节省货币印制和发行成本，将这笔成本用于建设数字货币的金融基础设施，为全国人民群众获得并使用数字货币创造条件。

而且，现金发行后，存储、运输、防伪、打假等都是高昂的成本。相较而言，数字货币并不需要物理存储空间、不需要安全保障人员负责运输、不需要通过原料和图案上设计防伪标志等进行防伪，从这个角度看，数字货币并不会消耗这些成本。不过，我们需要清醒地意识到，因为法定货币表现形式不同，各个环节所消耗的成本也将有所差异。

那么，数字货币不需要存储成本吗？需要，只不过不是当前防爆、防盗的仓库，而是将数字货币的安全存储放在一个电子空间，这个空间的安全性更值得注意，因为一旦发生盗窃，影响的将是公众的利益和国家金融安全。数字货币需要运输成本吗？需要，只不过数字货币需要的是网络传输或电子传输，为了传输速度快速、安全，同样需要投入大量成本，并需要定期维护和升级，以满足传输需求。

为了激励消费者使用数字货币支付，未来可能会设置一定的激励机制。比如，我国在公开的数字人民币试点中，都以"数字人民币红包"的方式向特定居民发放数字人民币，这在一定程度上可以起到鼓励消费者使用数字货币的效果，也能进一步刺激消费。为了进一步降低公众使用数字货币所需要承担的成本，中国人民银行也可在发行投放过程中不收取费用，那么商业银行等金融机构在将数字货币投向市场时也不会或较少收取用户的相关服务费用，从而降低公众使用数字货币的抵触心理。

（三）难伪造

发行纸币时，中央银行要做的一项重要工作便是防假币。与此同时，制作假币的技术也随之"日益精湛"。防范假币是事关国家货币权威、公民财产权益的大事。在传统纸币的成本中，防伪成本占据相当大的比例，如货币纸张材料的特殊性、墨汁的特殊性、图案的特殊性等共同构成了传统纸币的防伪标志。防伪成本的持续投入也是为了增加伪造货币的成本，从而起到维护法定货币法定地位的作用。

数字货币需要防伪吗？同样需要，数字货币的防伪是为了防止别人利用技术仿制与我国数字货币相似的数字货币而牟取利益，从而干扰我国正常的金融秩序。对此，我国央行数字货币的设计既需要确保数字货币技术难被模仿，央行数字货币系统也要能够识别其他数字货币。对于数字货币而言，还要做好宣传工作，告知公众只有中央银行发行的、指定金融机构运营的数字货币才是我国央行数字货币，其他数字货币即便取了足以混淆的名字，也不要上当受骗。

数字货币虽有一系列安全技术确保货币的真实性和交易的安全性，但仍需要其他措施防伪，姚前曾提到一个重要的手段，就是对法定数字货币的全生命周期进行登记，建立集中／分布相对均衡的簿记登记中心。[①] 这意味着法定数字货币的真实性由国家确认和保障，以国家信用作为支撑。中央银行将记录每个数字货币的全生命周期，能够有效识别其他伪造的数字货币。正如上文提到的，我国数字货币虽然难伪造，但并不意味着不会被伪造。私人数字货币十分发达，模仿我国中央数字货币并发行"假币"仍有可能，对此仍要保持警惕。

（四）可追踪

这是数字货币与纸币相比所具有的优势，同时，也是劣势所在。可追踪性对于中央银行等国家管理部门和监管部门而言，是一项提高工作效率、监测违法犯罪行为的重要特征。当然，这也是央行数字货币由中央银行主导发行所具有的特点。同时，可追踪性对于数字货币使用者来说，就不一定是十分"待见"的特点了。公众使用数字货币进行日常支

---

① 姚前：《中国法定数字货币原型构想》，载《中国金融》2016 年第 17 期。

付时，并不希望每一笔交易都被清楚记录，并不想要留下痕迹的交易却被记录下来，对于公众来说，也是一项"负担"。而使用现金进行日常支付就不用有别人是否会知道自己交易内容的担心。

（五）选择匿名

根据姚前的介绍，我国央行数字货币的用户身份认证采用"前台自愿，后台实名"原则，[①]也就是实名制与匿名制相结合。具体而言，央行数字货币持有人在日常交易中可自愿选择是否匿名，即可通过授权他人使用身份信息的方式实现实名；而在"后台"，也就是持有人对中央银行是实名的。

我国央行数字货币对匿名性的设置兼顾了使用者的交易心理与个人信息保护的均衡。这也与上文提到的数字货币所具有的可追溯性有一定关联。数字货币的可追溯性可以让用户在交易中被不同的商业主体所记录，只要交易数据积累得够多，用户的"画像"也很容易被商业主体所识别。这也是为什么现在越来越多的人担心自己的个人信息被泄漏、被倒卖而重复被泄漏的原因。央行数字货币的匿名性设置是从有利于用户的利益角度出发的。用户在使用数字货币时可以选择是否将个人信息以及多少个人信息授权给商业主体了解或使用，可以对交易的商户保持匿名性，用来保护用户的个人信息。

---

① 姚前：《中国法定数字货币原型构想》，载《中国金融》2016 年第 17 期。

（六）技术兼容性

穆长春曾明确提到了当前我国数字货币研发过程中技术的兼容性，也就是几家指定运营机构采取不同的技术路线研发数字货币，"不一定是区块链，任何技术都可以。无论区块链还是集中账户体系、电子支付或所谓的移动货币，你采取任何一种技术路线，央行都可以适应"。[①]中国人民银行行长易纲对此也进行了回应："我们会坚持中心化管理，在研发工作上不预设技术路线，可以在市场上公平竞争选优，既可以考虑区块链技术，也可采取在现有的电子支付基础上演变出来的新技术，充分调动市场的积极性和创造性，我们也设立了和市场机构激励相容的机制。"[②]

之前有人会关注我国数字货币是否会采用区块链技术，采用区块链技术能否满足处理我国庞大交易量的需求，我们不必将自己局限在对应用技术单一的想象里。周小川对此也有所说明：区块链没有按照想象的发展速度使每秒交易笔数（TPS）达到足够大，远不能支撑零售交易的支付系统，但可以做一些小规模金融市场交易或其他应用方面的试点。

我国数字货币"设计—发行—兑换—流通—回笼"这一系列看似简单的环节中，实则包含了复杂的操作流程，在某个环节使用某些技术以实现特定目标，是中央银行和其他市场主体共同参与的结果。中央银行利用市场上不同主体参与

---

① 卢泽华：《"数字人民币"初露真容》，载《人民日报海外版》2019 年 8 月 21 日，第 8 版。
② 《庆祝新中国成立 70 周年活动新闻中心发布会：以新发展理念为引领，推进中国经济平稳健康可持续发展》，来源：新华网 2019-09-24。

到数字货币的建设中来，也是为了满足我国不同地方多元化和复杂性的需求。范一飞对我国发行央行数字货币是一个复杂的系统工程进行了解释："我国幅员辽阔、人口众多，各地区经济发展、资源禀赋和人口受教育程度差异较大，在设计和投放（发行）、流通央行数字货币过程中，要充分考虑系统、制度设计所面临的多样性和复杂性。"[①]

我国数字货币不预设技术路线，的确具有技术兼容性，未来在与采用不同技术的数字货币进行对接时，可能会降低技术兼容的成本。但问题也是明显的，我国在数字货币研发中除了中央银行与商业银行参与其中外，私人机构也参与其中，共同为数字货币的发展贡献自己的创新力量，这就决定了我国在研发数字货币中投入了大量的人力物力财力，增加了成本。但同时也应该明白，数字货币的技术性决定了其要承担更多的技术风险，我国的数字货币还要面对我国不同地方复杂的经济状况，用统一的数字货币、不同的技术来促进不同地方经济的发展也是一条可行之路，毕竟数字货币的出发点和落脚点都是公共利益。

---

① 范一飞：《关于央行数字货币的几点考虑》，载《第一财经日报》2018 年 1 月 25 日。

第三章　为什么要发行数字货币？

场景三：我能知道我的钱去哪里了！

我们至今印象仍为深刻：一些慈善捐赠不知去处，令我们气愤。就在前不久，深圳工商银行与深圳市关爱行动公益基金会进行合作，在区块链上使用数字人民币捐赠。虽然这个捐赠活动属于数字人民币内部测试的一种场景，我们无法参与其中，但仍能看到数字人民币的应用。

首先，我们得获得工商银行开立数字人民币钱包的邀请，用"手机号＋身份证号"进行认证。

其次，我们在手机里下载工商银行"融e购"App，并用如上"手机号＋身份证号"登录。

再次，我们在"融e购"App内的"公益"频道选择某个项目，点击"立即购买"，因为首次使用数字人民币支付，所以在"付款方式"中选择"使用新银行卡"，下拉点击"数字人民币"账户，会出现"添加法定数字货币账户"的页面，输入捐赠金额后，输入钱包密码和短信动态码就可以"确认付款"了。

最后，深圳市关爱行动公益基金会提醒我们捐赠成功，页面上显示"订单号""交易卡号：数字人民币（××××）"和"交易时间"。在"订单详情"中也可显示"支付方式"是数字货币。

只使用数字人民币进行捐赠并不是新的测试内容，此次测试的是数字人民币与区块链的结合应用。我们在"捐赠详情"中可以看到捐赠方、接收方和捐赠情况（公益项目、捐赠金融和捐赠时间）的详细信息，在存储的"区块信息"上显示，有"存证唯一标识"，"该数据已在工银玺链上存证"，所在区块链为"慈善捐助链"等信息。

我们已经看到，数字人民币与区块链的结合是对捐款溯源的双重保障：既有区块链的难篡改的存证，也有数字货币自身的溯源。我们再进一步想象：将数字人民币与区块链等技术的结合应用到精准扶贫等领域，我们能知道钱是否进了被扶贫对象的"钱袋子"，让我们更为安心。

对于国家为什么要发行数字货币，可能仁者见仁智者见智。姚前高度赞誉了法定数字货币的发行对金融体系变革的重要性："如果说金融是现代经济的核心，是实体经济的血脉，货币则是经济核心的核心，是流通在经济血脉里的血液。而法定数字货币堪称金融科技皇冠上的明珠，对未来金融体系发展潜在影响巨大。"① 那么，法定数字货币这颗明珠能否发出璀璨夺目的光亮我们不得而知，但我们都无法否认的就是，即便不是所有国家都在研发数字货币，但对数字货币的印象已经逐渐烙印在主权者的心里。无论各国中央银行的相关负责人对待数字货币的态度是欢迎还是抵触，多国加入国际数字货币研发大军已是不争的事实。

至于我国为什么要发行数字货币，已经引发了社会各界的关注与猜测。目前为止，对我国发行数字货币的原因给出较为权威和详细说法的是中国人民银行数字货币研究所所长穆长春。穆长春在第二届外滩金融峰会（2020 年 10 月 25 日）上明确向外界传达出我国要发行数字货币的两大原因：**货币发展的历史趋势和现金需求的变化**。以此为基础，本书还将提出两个理由，一个是从国家权力的角度出发，发行数字货币是国家通过货币加强和完善宏观调控的新手段；二是从国际竞争的角度出发，发行数字货币是国家在国际货币秩序、国际贸易交往等方面话语权的新体现。看起来，数字货币发行的理由似乎距离我们老百姓过于遥远和宏大，但实际上我国对数字货币研发都是以公共利益为核心进行考量的。

一、发行数字货币符合货币发展的历史趋势

穆长春在谈及数字货币发行是符合货币发展的历史趋势

① 姚前：《推进法定数字货币研发，助力数字经济发展》，载《21 世纪经济报道》2017 年 11 月 8 日，第 4 版。

时是如此解释的："历史上每一次技术进步，都会催生私铸和官定货币的博弈。民间货币的发行者自己决定钱币的重量、成色和标准，这就加大了社会成本。近几年比特币和Libra等全球性稳定币也在试图发挥货币的职能，这些加密资产以去中心化的方式来处理支付交易，会侵蚀国家的货币主权，因此现钞的数字化压力越来越大。"正是在这一背景下，利用私人数字货币的技术研究央行数字货币成为货币历史发展趋势。从这段话我们可以总结出几层意思：

第一层意思，承认民间在利用技术改造货币上具有天生的敏锐度，能够充分利用新技术特点创造新的货币，尤其在支付便捷、降低成本等方面更具有优势，足以和当时相对落后的官定货币抗衡。

第二层意思，私人数字货币是利用区块链等新技术出现的新的民间货币，在功能和性能上都更具优势，已经承担部分货币职能，给一国主权货币的流通带来挑战。

第三层意思，主权国家为了应对私人数字货币的挑战，不仅要利用私人数字货币的技术，更要能创造出在功能和性能上都不弱于私人数字货币的数字货币。

所以，无论央行数字货币是为了应对私人数字货币挑战而出现，还是回应技术发展而进行的自我改革，实则都符合货币历史发展的趋势。

（一）维护主权货币权威

无可辩驳的是，国家研发央行数字货币是受到私人数字货币的挑战，背后的原因则是要维护国家的主权货币权威。虽然在货币历史发展中，主权货币总是要与私人货币经过一番"斗争"后才能确立或巩固主权货币地位，这是一国权力的象征。当然，私人数字货币并非从诞生之初就为主权国家所警惕。早在 2009 年比特币横空出世之前，由私人发行的各种名义上的"币"并没有引起国家对货币主权的过分担忧，因为可以直接对发行"币"的主体进行监管。

但一切都在 2009 年后悄然发生改变，一方面，越来越多的个人和组织利用去中心化的区块链技术发行各种名目的私人数字货币，并在一定范围内流通，具备一定的支付功能和财产属性。一时间，围绕发币、炒币的诈骗也屡见不鲜了。在 2013 年前后，私人数字货币发展得特别迅速，已经充分引起主权国家的关注，如德国在 2013 年承认了比特币的合法地位，加拿大在 2013 年投入使用世界上第一个比特币 ATM 机，我国在 2013 年年底发布了《关于防范比特币风险的通知》，等等。如上各国政府对私人数字货币采取的措施在一定程度上已经表明了态度。

伦敦大学学院网站公开发布了"数字货币、数字金融与新金融秩序的构建：法律体系的挑战"的会议记录（2016 年 7 月 27 日召开），有学者对私人数字货币的现状提出了自己的看法：虽然（私人）数字货币试图挑战国家发行的法定货币作为主要支付手段的地位，并可能因此削弱货币政策的有效性，但它的使用仍然微不足道，不足以引起这种担忧。这种观点是根据当时私人数字货币的发展来说的，但是，私人数字货币发展之快，在不断弥补自身弊端的情况下一直向前发展，也是我们不得不承认的事实。总的说来，央行数字货币产生的直接导火索是私人数字货币的产生和不断发展。央行数字货币的出现，必然离不开私人数字货币的反复"锤炼"。

1. 阶段一：以去中心化为特点的比特币诞生

这一阶段以 2008 年 11 月区块链技术以及 2009 年 1 月创始比特币的出现为标志，这意味着私人发行的以去中心化为特点的数字货币诞生。而这显然与中心化的法定货币"格格不入"。去中心化的比特币有着诸多优势：一是比特币的发行不由中央银行所垄断，而是"矿工"在激励程序之下"挖"出来的，这个过程既包括发行机制，也包括激励机制；二是比特币的发行也不会发生当前世界各国普遍发生的通货膨胀现象，不过比特币由于总量的限制有可能会发生通货紧缩；三是基于比特币交易的双方并不需要通过可信任的第三方机构进行交易，双方之间即可点对点即时完成交易；四是比特币电子现金网络并无国界，身处世界上任何一个地区的交易双方都可通过该网络完成匿名交易，安全、便捷、快速、低手续费。

去中心化的比特币似乎验证了哈耶克的"货币非国家化"的理论主张，不过，比特币能够在多大程度上真正体现哈耶克所提出的货币稳定原则、数字货币的泛滥是否构成了哈耶克的货币竞争，不能仅依据"去中心化"这一特性就直接判断其非国家化。毕竟，私人发行数字货币的去中心化的对立面是政府规制。在这个阶段，作为"初出茅庐"的数字货币，除了多用于"暗网"交易外，并未充分引起关注。

2. 阶段二：比特币价格开始上涨

这一阶段以 2013 年比特币的价格成百上千倍的上涨为标志。在 2013 年前后，比特币陆续被一些国家承认为一种支付型通证（Payment Token）。我国监管部门发布了《关于防范比特币风险的通知》。该《通知》一方面将比特币定性为"虚拟商品"，另一方面指出其不是真正意义的货币。主权国家都在一定程度上承认比特币等数字货币所具有的优势，但却没有一个主权国家明确承认其为货币。各主权国家或拒绝比特币或将其定性为"虚拟商品""支付手段"，实则都明确传出这样的信号：禁止私人数字货币染指国家货币主权。

国家对繁荣（泛滥）的数字货币市场采取两种直接应对策略：一是根据数字货币的不同性质（功能）进行监管，二是研究法定数字货币的发行。2013 年后，研究法定数字货币的国家逐渐增多。如中国人民银行在 2014 年开始研究法定数字货币，英国央行在 2015 年公开宣布研究法定数字货币 RSCoin，荷兰央行于 2015 年秘密开始数字货币 DNBcoin 实验，加拿大银行于 2016 年开始 Jasper 数字货币项目。已经发行数字货币的国家也逐渐增多，如厄瓜多尔于 2015 年发行"厄瓜多尔币"，突尼斯也于 2015 年发行数字货币，委内瑞拉于 2018 年发行数字货币"石油币"，等等。

3. 阶段三：稳定币 Libra 出现

这一阶段以 2019 年脸书发布天秤币 Libra 白皮书为标志。如果说前两个阶段的私人数字货币对国家的法定货币发行权只是"敲打"的话，那么天秤币的出现无疑是"暴击"。尽管 Libra 白皮书上表明天秤币的使命是"建立一套简单的、无国界的货币和为数十亿人服务的金融基础设施"，但这无疑是个足以撼动一国货币主权的"宣示"。一国的法定货币通常只在主权国家范围内流通使用，而天秤币具有全球性，脸书希望跳出主权国家的范围而放眼整个世界，旨在建立一个"超主权货币"。《人民日报》曾在专题报道中指出，私人数字货币在促进央行数字货币发行中起到了"鞭策"和"激励"作用，"'天秤币'是一种币值较为稳定的加密货币，以主权货币为支撑，拥有庞大用户基础。舆论普遍认为，'天秤币'等数字货币的发行给全球央行货币主权带来挑战，并带来更多金融风险，是促使各国央行加快研发央行数字货币的重要原因"。[1] 天秤币有三个核心概念：

一是货币。天秤币由真实资产（一篮子货币和资产）储备担保，构建人们对天秤币价值的信任。有学者揭示了天秤币价值的实质：人们信任天秤币的价值，与其背后是否有真实的货币或资产无关，而仅仅因为它是天秤币。[2] 这就意味着脸书提供了一个不需要履行的兑现义务，形成事实上的货

---

① 《研发和测试在多国陆续展开：全国央行数字货币研发驶入快车道》，载《人民日报》2020 年 10 月 14 日，第 17 版。
② 许多奇：《Libra：超级平台私权力的本质与监管》，载《探索与争鸣》2019 年第 11 期。

币发行权。

二是跨境。脸书有 27 亿分布世界各地的用户，天秤币本身的数字属性让其可以在全世界范围内的用户间流转，成为一个既利用法定货币形成价值，又跳出主权货币以外的"超主权货币"。

三是"世界央行"。天秤币既具有货币政策制定、执行权力，也具有支付功能，而不仅仅是一种规避国家金融监管的新的跨境支付工具。可以说天秤币的储备体系、货币体系、金融体系都对当前主权国家造成了巨大冲击。在 2021 年 2 月，加密托管机构 Fireblocks 和支付平台 First Digital Assets Group 为银行、交易所、支付服务提供商（PSPs）和 eWallets 等金融服务提供商提供数字通道，使其能够接入稳定币支付系统 Diem。Diem 正在全球范围内积极布局，谋划为全球提供稳定币支付的金融基础设施。

脸书为了满足美国监管要求，充分利用了当前中美贸易战时美国政府的心理，从而采取了两个策略性手段。一是在公布天秤币一篮子货币时，并没有将人民币作为储备货币，有避免美国政府对此进行监管之嫌；二是在美国众议院金融服务委员会组织的听证会上，脸书发言人更是向美国政府抛出"定时炸弹"："如果天秤币不做这件事，中国央行数字货币将会做"。此时，私人数字货币已经公开向法定货币发起挑战，天秤币不再提"去中心化"而是"去中国化"。

我国对天秤币的回应不仅及时且循序渐进：一是《环球时报》曾发文指出："中国产业和监管机构都有必要就数字

货币进行更多对话……否则，中国有可能会在新的金融格局中落后。"① 二是中共中央、国务院在《关于支持深圳建设中国特色社会主义先行示范区的意见》中指出：支持在深圳开展数字货币研究与移动支付等创新应用。三是中国人民银行数字货币研究所于 2019 年 11 月 4 日与华为技术有限公司签署金融科技战略合作，等等。当前我国数字人民币公开试点的不断扩大、应用场景的不断增多都表明了我国对维护货币主权的重视。

从我国研发央行数字货币的时间点和相关文件、重要文章发表时间点来看，央行数字货币的发展与私人数字货币的发展是互相"牵绊"的。

（二）法定货币自我改革

除了私人数字货币对法定货币的地位带来挑战外，不容置疑的是，央行数字货币也是法定货币在数字社会所作出的适应性变革。通常在论及此处时，都会说法定货币是中心化的，私人数字货币是去中心的；法定货币的价值是由中央银行信用保障的，私人数字货币则因为价格波动被认为缺乏价值，直到稳定币尤其是天秤币锚定主权货币等真实资产作为价值来源。作为私人数字货币最大的特点去中心化，无法被法定货币借鉴，但其实，私人数字货币首先给法定货币的一个大的启发就是**法定货币在保持实体情况下实现数字化**。这

---

① 《中国不可能缺席全球数字货币竞争时代》，载《环球时报》2019 年 6 月 24 日。

是数字货币不同于现金的地方。只从形式上来看,数字货币始终是数字形式的,而现金通常是实物;数字货币与现金相同的地方就是二者都是实体货币。

"法定数字货币在纸币、金属硬币基础上换版、升级、再造、替身,其属性依然归属实体货币,但是其毫无具体的存在形态,客观上又属于抽象货币的范畴,因此虚实型货币在法定数字货币自身构成了辩证统一。"① 再进一步解释,私人数字货币与货币的数字化的区别是,私人数字货币是字符串,由密钥保护;而货币的数字化就是用具体的数字表示金额,在账户上作出数字金额加减的变化,并不涉及字符串在两个地址之间的传递。央行数字货币也是字符串,和现金一样,都有被盗窃的可能。这是私人数字货币为法定货币利用技术改革提供的有益经验,这样我们更容易理解,为什么我们会反复强调央行数字货币是对现金的替代(补充),还有个原因,就是因为二者都是有实体与其对应的。但是央行数字货币却因为数字形式具有与现金、第三方支付、货币的数字化、私人数字货币相似的功能。

至于私人数字货币的透明性、匿名性、可溯源性、点对点、加密性等技术特性,其实都是其作为数字货币所应具备的特征。如因为去中心化没有中心机构来进行统一记账,那么就向全网公开交易由全网一起记账,这是透明性(或称公开性);为了确保交易双方的匿名性,这其实与现金实现的

---

① 宝山、文武:《法定数字货币》,中国金融出版社 2018 年版。

功能相同，从而作出的技术设置保护交易双方的身份；私人数字货币作为字符串，在整个网络中的"痕迹"因为全网公开记录而"留痕"；私人数字货币最初作为一种支付手段，为了安全性，必然要进行加密；私人数字货币的交易与现金一样，都是点对点进行支付。

所以，私人数字货币与现金在功能实现上是有相似性的，只不过是从实物实体变成数字实体。其实，这也是对央行数字货币的启发，法定货币从现金到数字货币的变化，不只是形式的变化，更会因为形式的变化而进一步带来成本、效率等方面的改善。**未尝不可以将央行数字货币理解为法定货币在数字时代的一次自我改革，而私人数字货币刚好提供了一个还不错的方案。**

二、发行数字货币反映公众支付需求的变化

穆长春谈及数字货币发行是反映公众现金需求变化时如此解释："目前现金绝对使用量还在增长，这就说明零售环节的**法定货币数字化**供给并未跟上需求变化，特别是在边远山区和贫困地区，金融服务覆盖不足，公众对于现金依赖度比较高。对于一些数字弱势群体，比如说有些不会使用智能手机的老年人、排斥使用智能终端的人，电子支付的发展不仅没有提高金融的包容性，反而出现了**金融排斥现象**。货币本来就是一个公共产品，是为社会所有群体来服务的，央行应该为包括贫困地区和弱势群体在内

的所有老百姓提供普惠性的、使用方便的、数字化的央行货币。"

这说明，一是在我国电子支付十分发达的情况下，公众对现金的使用量并没有因此而减少，这意味着我们认为已经普及化使用的电子支付并没有完全普及；二是对现金的需求主要来源于偏远落后地区的公众、数字化弱势群体等，其实归根结底，这些群体是无法获得电子支付服务，无论是金融基础设施不完备，还是不会使用智能终端，也就是当前的电子支付没有考虑这些群体的权益；三是数字货币发行后也是公共产品，要能够改变金融排斥现象，让我国人民群众都能共享国家公共产品革新的成果。

（一）数字货币有助于无现金社会的发展

数字货币在成为中央银行提供的普惠金融的有力工具上，大致可以从两个方向体现。主要的一点就是，数字货币的发行将会降低当前发行现金的一系列成本，将会节省国家财政开支，可以将节省的成本用于国家其他财政支出，更好地为公众服务；次要的一点就是，数字货币的研发将会朝向有利于公众获得、使用的方向发展，不增加公众获得日常支付货币的成本。

当前已有的电子支付为公众接受数字货币奠定了心理预期，无现金支付成为我国乃至多国的常态，这为公众接受数字货币创造了条件。当然，我们可以说当前支付宝、微信支付、云闪付等都是无现金支付，但是当数字货币发行后，将与支付宝、微信支付、云闪付等一同用于移动支付，将会进一步促进我国的无现金支付。"非现金支付的兴起推动了央行数字货币的发展。据统计，2018年瑞典现金使用率仅为13%。无现金化程度较高是瑞典加快试点央行数字货币的主要动力之一。新冠肺炎疫情防控期间，无现金支付趋势加速。国际清算银行报告称，社交隔离政策、公众对现金可能传播病毒的担忧以及政府向个人发放补贴的计划都进一步加快了向数字支付的转变。"①

2020年新冠肺炎疫情的全球暴发，进一步加快了无现金支付。因为疫情传播的特点迫使我们减少使用现金的频率，以减少与人人接触的现金的接触，做好日常疫情防控。根据专家的预测，新冠肺炎短时间内不会结束，仍是威胁我们生命安全的病毒，故而，对无现金支付将保持一定需求。而且，政府以无现金的方式向公众发放购物补贴也进一步培养了公众对电子支付使用的习惯。利用已有的电子支付系统或者渠道让公众获得数字货币，既可降低数字货币流通成本，也能进一步巩固公众对无现金支付的认识。

根据麦肯锡发布的《2020年全球支付报告》，可以知道由新冠肺炎引发的公共卫生危机对全球支付带来了影响，影响之一就是全球现金使用率的下降。该报告将2010年的现金使用情况与2020年进行对比，如我国在2010年交易中使用现金的比例为99%，而在2020年则为41%；韩

① 《研发和测试在多国陆续展开：全国央行数字货币研发驶入快车道》，载《人民日报》2020年10月14日，第17版。

国在 2010 年交易中使用现金的比例为 66%，在 2020 年时 34%；瑞典在 2010 年交易中使用现金的比例为 56%，而到了 2020 年则为 9%，等等。无论是成熟市场国家还是新兴市场国家，现金使用在全部交易中的比例都有所下降，在新兴市场国家中下降最明显的是中国；在成熟市场国家中都有明显的降低，而在日本、新加坡、美国等国家使用现金交易下降的幅度并不大。

将我国与成熟市场国家的无现金支付情况相比，我国的无现金支付仍有进一步扩大的空间，数字货币可成为我国进一步迈向无现金支付社会的推动力。无现金支付，对商业银行等金融机构而言将会节省现金流通成本；于我们而言，使用无现金支付将会提高我们支付的效率。更为重要的是，使用数字货币而非现金支付，可以防止收付到假币，造成财产损失。

当然，不可否认的是，即便是无现金支付愈加频繁，但当前及未来相当长的时间里，数字货币都要与现金共存，由公众自由选择支付方式。世界银行首席信息安全构架师张志军指出，"基本做法是央行会发行数字货币给大的银行、机构，由它们再去把具体的数字货币分配到个人手里，去买东西或支付都没有问题，但是**不可能完全取代纸币，还有上了年纪的人群，所以要支持两种形式并存**"。①

---

① 《世界银行张志军：法定数字货币不可能完全取代纸币》，载《新京报》2019 年 8 月 29 日。

（二）数字货币有助于改善科技巨头的商业垄断

穆长春也对第三方支付工具作出了评价，指明第三方支付工具造成了电子支付的割裂："如今支付宝、微信等第三方支付工具在激烈竞争下，越来越追求支付场景的'独占性'，为消费者支付带来诸多不便，数字人民币以及独立App的推出则有利于打破零售支付壁垒和市场分割，避免市场扭曲，保护金融消费者权益，促进普惠金融。"这一点想必使用过支付宝、微信等第三方支付工具的人都有深切的感受，尤其是在2020年轰动一时的"美团取消支付宝支付"事件激起公众对第三方支付工具市场分割的不满，其背后就是微信支付与支付宝支付之间对第三方支付市场进行的人为分割并设置"壁垒"。在这场争斗中，无论是微信支付还是支付宝支付都没有获得想要的结果，但权益受损最大的却是普通的公众，因为公众直接被剥夺的是对支付方式的选择权。

智能手机的普及让第三方支付变得更为大众、便捷。发达的第三方支付对于数字货币的研发来说是"双刃剑"。数字货币对我们老百姓而言最核心的功能就是作为现金的补充，方便我们日常生活中的支付，而大多数老百姓在支付宝支付、微信支付进入日常生活后已养成了手机支付的习惯，对于具有相似功能的数字货币的使用也不会有太多适应上的障碍。这是第三方支付对数字货币发行的好处。

同时，不容否认的是，我国第三方支付两大巨头支付宝和微信支付其实在抢夺市场份额过程中逐渐形成了人为的"壁垒"。举个简单的例子，在"淘宝"购物平台上是不能使用微信支付的；微信支付与"京东"平台合作，在"京东"购物无法使用支付宝支付，但是可以使用微信支付。看似只是第三方支付平台与其他互联网平台的合作，但其实在这种合作模式下消费者要被迫作出选择，也就是在如何支付上，消费者丧失了支付方式的选择权。

用数字货币进行支付要比用第三方支付更为安全。数字货币一旦获得法律授权发行后，其具有法定货币地位，反映的是国家信用，公众出于对政府的信任而信任其发行的数字货币；同时，国家为了稳定市场、保障社会生活秩序而会主动维护数字货币的安全与稳定。

对比第三方支付等移动支付方式，公众如何选择主要出于两个原因，一个是第三方支付与商家合作，"迫使"消费者在日常支付中选择第三方支付；二是出于消费者对第三方支付的信任或者说是第三方支付对消费者支付习惯的影响，促使消费者在日常支付时主动使用第三方支付。但无论出于何种原因，选择第三方支付实则是默认了对第三方支付和商业银行的信任，但这种信任是否值得似乎无法"盖棺定论"。举个简单的例子，成立于1998年的包商银行于2020年8月申请破产。在我们印象中，银行是不会破产的，或者说即便破产了，也有我们国家政府"兜底"，大可不用担心。但正如人的生老病死一样，企业会破产，商业银行也会破产。那么，我们用第三方支付的安全性能否和数字货币相比，想必我们心中已经有了答案。

用数字货币支付比第三方支付更为安全，并不意味着数字货币在运行过程中将第三方支付平台排除在外。根据当前我国对数字货币的研发设计，我国依旧采用"中央银行—商业银行"的双层运营模式，而私人机构，尤其是这些科技巨头也将会参与到数字货币的运行环节中。除了保持当前货币运营模式的稳定之外，也需要充分调动市场各方的积极性和创造性来共同维护数字货币的生态环境，共同维护金融体系稳定。让私人创新力量充分融入到央行数字货币之中，以应对私人数字货币对货币主权的威胁。发挥私人机构在数字货币研发和运行中的作用，有助于提高数字货币在国内乃至跨境使用中的可接受度。这也是强调数字货币不会对第三方支付工具竞争的原因，一是第三方支付工具不具有竞争地位，二是第三方支付工具是数字货币发展过程中需要合作的对象。

三、发行数字货币体现国家宏观调控的需求

穆长春谈及数字货币发行体现着国家宏观调控需求时如此解释："在今年新冠疫情基本结束、全面复工复产之际，多地政府推出消费券以刺激市民消费欲望，但这些消费券的发放大多通过支付宝与微信进行，深圳在（2020年）10月初推出的数字人民币红包活动则反映出，地方政府未来通过数字人民币 App 将拥有直接触及市民支付账户的能力，可以减少对第三方支付工具的依赖，提升经济调控的自主能力。"

可见,穆长春对未来数字货币发行后所带来的成效充满希望,如上讲话内容包括四层含义,第一层含义是我国的无现金支付已经十分发达;第二层含义是主要以支付宝和微信等第三方支付为主;第三层含义是未来公众可以直接使用数字货币进行支付;第四层含义是国家可以利用数字货币进行宏观调控,为了刺激消费向公众发放以数字货币为内容的消费券,可能会更容易了解公众所需,方便国家进一步进行相关调控。

(一)数字货币有助于实现普惠金融

当前我国数字货币的定位是对现金的替代(或补充),公众可以直接用来进行日常支付。对数字货币的设计可以采用"去账户化"的方式,也就是公众无需在商业银行开立银行账户即可利用"数字人民币钱包"进行收付款。这对于我国偏远地区或贫困地区的群众来说,无疑是获得了接受国家金融服务的渠道。有人会质疑,数字货币的支付需要相应的智能设备,可偏远贫困地区群众难以获得这些智能设备,这是不是又陷入一个"死循环"。其实恰恰相反,这些偏远贫困地区的居民无法在银行开立账户,但是仍能利用"硬钱包"来存储数字货币,满足群众日常支付所需。

我国在"十三五"期间脱贫攻坚的目标是到2020年稳定实现农村贫困人口不愁吃、不愁穿,农村贫困人口义务教育、基本医疗、住房安全有保障;同时实现贫困地区农民人均可支配收入增长幅度高于全国平均水平、基本公共服务主要领域指标接近全国平均水平。到了 2020 年年末，中国如期完成新时代脱贫攻坚目标任务。这为数字货币在农村贫困地区的普及奠定了坚实的物质基础。数字货币的发行会进一步巩固我国脱贫成果。

在我国人民普遍生活水平提高的背景下，人民对金融产品和金融服务的需求也在不断增加。如支付宝推出的"余额宝"金融产品，就是小额理财的代表，用户将支付宝余额转入"余额宝"，在日常支付中仍可以直接使用"余额宝"余额，既不耽误用户对支付工具的使用，又能为用户创造额外的收益。并且，"余额宝"的风险相对较低，发生亏损本金的可能性不大。这一点可为数字货币借鉴。数字货币的发行可以让基础金融设施并不完善地区群众利用手里的数字货币购买一些风险低、有相对稳定收益、门槛低的理财产品，日常支付和获得额外收益两不误。可以说，这也是一种让公众都能享受普惠金融带来好处的具体方式。

（二）数字货币有助于实现专项行动

对于国家权力部门而言，数字货币所具有的可追溯性也是一大特点。有人会质疑，用第三方支付也会"电子留痕"，也可进行追溯，凭什么数字货币要比第三方支付在可追溯性上更有优势？答案很简单，数字货币的可追溯性是"痕迹"的全生命周期，即数字货币从发行到流通到回笼的全流程都将留痕；而因为第三方支付平台间的物理隔断，每个第三方支付平台都有用户使用该第三方支付时的"痕迹"，这就会形成"痕迹孤岛"且难以打通。对于第三方支付平台来说，"痕迹孤岛"是其核心竞争力的一个体现，但于国家监管部门等权力部门而言，这不仅不利于监管，还会造成监管资源浪费。数字货币的优势此时就可显示出来，在加强国家监管、打击与货币相关的违法犯罪行为上更有效率。

此外，数字货币的可追溯性对于国家财政实现专款专用也有效果。之前就有说法，在数字货币上设置智能合约，以确保只有特定领域、特定行业、特定人员在满足一定智能合约条件时就能收到相应的数字货币，防止专款在下拨过程中出现贪腐、挪用、克扣等违法犯罪行为，影响国家财政政策的顺利执行。不过，对于智能合约能否添加到数字货币上，范一飞认为，"央行数字货币是对 M0 的替代，具有无限法偿性，即承担了价值尺度、流通手段、支付手段和价值贮藏等职能"，"为保持无限法偿性的法律地位，央行数字货币也不应承担除货币应有的四个职能之外的其他社会与行政职能。加载除法定货币本身功能外的智能合约，将影响其法偿功能，甚至使其退化为有价票证，降低我国央行数字货币的可自由使用程度，也将对人民币国际化产生不利影响。还会降低货币流通速度，影响货币政策传导和央行履行宏观审慎职能"。①

其实，对中央银行来说，只依靠数字货币的可追溯性来监督特定数字货币的流通也可以操作。而且，还可以换个思路，当数字货币发放到具体的国家部门进行分配后，也可以

---

① 范一飞：《关于央行数字货币的几点考虑》，载《第一财经日报》2018 年 1 月 26 日，第 A05 版。

利用区块链网络系统来完整记录专项行动的数字货币能够"各司其职",专款专用。做到这一点并非难事,在疫情期间,利用区块链网络来接收慈善捐款并发放到特定地区、特定领域、特定人员已经可以实现。数字货币本身可以不承载额外的社会或行政功能,在具体环节中进行操作,同样可以达到相同的效果。

(三)数字货币有助于决策与传导

数字货币让中央银行能够直接了解公众数字货币的使用情况,可以直接根据数据监测以及分析制定出货币决策,以更好地促进数字货币在特定领域发挥作用,切实起到宏观调控的效果。同时,数字货币自身就是中央银行货币政策最直接、最有效的政策传导工具,这也将会提高中央银行等国家部门的监管效率与监管效果。此外,政府可以更容易地用数字货币向偏远贫困地区发放专项补助,利用数字货币来直接促进国家扶贫等政策的执行与推广。未来,数字货币可以在国外进行支付时,也能帮助我国相关部门在制定货币等决策时拥有更为宏观的全球视角。其实,货币政策制定、执行、监测整个过程都是循环往复,彼此促进的,而数字货币令如上过程更加高效、精准、科学。

四、发行数字货币是国家国际战略的需要

李礼辉在第五届区块链全球峰会上指出:"数字货币在

未来的全球数字经济竞争中居于核心地位。当前很有必要抓紧研究发行中国主导的全球性数字货币的可行路径和实施方案。同时，中国应该大力促进和规范制度创新，加快数字金融制度建设。立足于保证数字金融的可持续发展，应该抓紧建立数字信任机制，制定法定数字货币发行、数字金融市场监管、可信任机构数字货币监管等数字金融制度。"之所以强调数字货币是未来国家战略的需要，是因为数字货币的出现必然会改变当前已有的国际货币秩序。新的国际货币秩序的构建需要主权国家的参与，而在数字货币研究具有先发优势的国家有机会在新国际货币秩序构建中有更多的话语权。显然，多个国家都已经意识到这件事情的重要性并在抢夺这个话语权。

（一）发行数字货币用于抵御国外私人数字货币

之所以将抵御国外私人数字货币作为国家发行数字货币国际战略的第一步，是因为在各国数字货币普遍未发行，而在有些国家私人数字货币具有合法地位的国际背景下，即便我国境内已经禁止私人数字货币的交易，但是仍要对此保持警惕。私人数字货币可跨境流通的自然属性是保持这种警惕的原因。《中国人民银行法（修订草案征求意见稿）》第22条规定，"任何单位和个人不得制作、发售代币票券和数字代币，以代替人民币在市场上流通"，这是通过立法的方式明确禁止私人数字货币（此处被称为"数字代币"）代替人民币在市场上流通，这是维护我国人民币法定货币地位的具体体现。同时，这样的规定也再一次表明通过名称表述的不同来说明我国数字货币与私人数字货币的区别，以抵御全球私人数字货币。尤其是美国脸书对天秤币的发行已经"箭在弦上"，这一明显对主权货币带有冲击的私人数字货币不得不考虑。为了能够与国际上形形色色的私人数字货币"竞争"，要能够提供比私人数字货币信用更加权威、功能更为稳定的国家发行的数字货币。关于这一点，上文中已经介绍较多，此处不再赘述。

（二）发行数字货币用于推进人民币国际化

发行数字货币用于推进人民币国际化已经是国内国外"心照不宣"的事情了。一个略微怪异的现象是，人民币在全球外汇储备比例虽然也在上升，但显然与我国作为全球贸易第一大国地位不符。在国际上长期占据货币规则发言权的一些国家为了维护国家货币在国际社会中的地位，以及这些货币在国际上已经形成的信用，在这种背景下，我国人民币在全球外汇储备比例很难有明显提升。数字货币成了我国改变这一现状的重要契机，所以我国较早开启了数字货币的研发工作，并积极在各地开展试点应用，以期在国际上形成"先发优势"。

之所以说数字货币有可能推进人民币国际化，是因为我国的数字货币作为我国的公共产品，代表的是公共利益，而非私人银行的利益。而且，多国研究数字货币，却因央行数字货币的出现可能会对商业银行带来不利影响而更为谨慎时，我国已经妥善处理中央银行与商业银行的关系，即不仅不会改变商业银行在数字货币发行投放中的地位，还会充分发挥商业银行等金融机构在数字货币生态中的作用，进一步提高数字货币的性能和影响力。

再进一步说，数字货币的发行将会提高中央银行管控国家货币体系的能力，既可以使数字货币的主权性增强，也可以增强数字货币的国家信用属性，为人民币国际化奠定了价值基础。现任中国人民银行行长易纲在 2020 年 10 月 24 日举行的外滩金融峰会上指出："新形势下的人民币国际化可在坚持市场主导的基础上，进一步完善对本币使用的支持体系，为市场作用的发挥创造更好的环境和条件。"数字货币的发展由市场主导，也是为了避免国际质疑我国数字货币市场化不足，从而影响我国人民币国际化进程。

人民币国际化的一个重要体现就是人民币在跨境中的使用。数字货币的特点决定了其在跨境支付中将大有作为，可以促进跨境结算更为安全、快速、成本低廉。这也是我国在积极探索数字货币跨境支付的原因。当然，跨境支付中使用数字人民币支付除了有助于提高人民币国际化外，也能够减少贸易摩擦与经济损失等，对跨境贸易主体来说是"双赢"的。至于如何促进我国数字货币在跨境支付中的使用需要进一步研究，尤其是跨境支付过程中可能面临的不同国家法律监管问题。

第四章　数字货币对日常生活的影响

场景四：带着数字货币到上海市南京路逛街！

与 2021 年春天同时到来的，还有上海市南京西路商业街区将创新启动"数字货币先行区"的建设。在不久的未来，我们就可以用数字货币在南京西路商业街区消费啦！

画面一：在上海老字号"第一食品商店"有一对来上海游玩的老夫妻，他们正在柜台前挑选回家带给亲朋好友的礼品和特产。老夫妻心满意足地挑选好特产后，售货员问用什么付款，老夫妻说："在魔都当然要用数字货币啦，刷卡！"在确定消费金额后，老夫妻刷了数字人民币芯片卡完成了支付。老夫妻看了看芯片卡显示屏上的余额，旅行资金还很充裕，再去逛逛服装店吧！（数字人民币芯片卡已在上海同仁医院测试。）

画面二：在"杜莎夫人蜡像馆"门前，一对年轻情侣正在手机上购买门票。他们在"杜莎夫人蜡像馆"购票平台选中当天游玩的两张票，在支付时，直接选择"数字人民币"进行支付，马上就收到了购票成功的短信提醒。年轻情侣兴致盎然参观完蜡像馆，感叹蜡像和真人真是太像了，想在门口的纪念品商品买一些纪念品留念。他们各挑选了小纪念品，告诉售货员用数字货币支付。只见年轻情侣拿出手机，点开"数字人民币钱包"，让售货员"扫"付款码进行付款。可是不巧的是，场馆内人多，此刻信号不好没有网络。售货员说："没关系，你打开数字人民币钱包'碰一碰'功能还可以支付。"年轻情侣打开了"碰一碰"功能，与售货员的收款设备"碰一碰"就完成了支付。（数字人民币苏州试点中已可线上＋线下支付，"扫一扫""碰一碰"都可完成支付。）

画面三：妈妈带着小朋友到汤姆熊欢乐世界玩耍。在买游戏币时，只见小朋友伸出自己的小手，用手腕上的智能手表刷一下就能购买游戏币了。原来是智能手表里面藏了一个"数字人民币钱包"，装着小朋友攒的零花钱。（数字人民币可穿戴设备在北京地铁站已测试。）

在研发数字货币的国家中，我国无疑是佼佼者。我国数字货币已经完成了多个地方的试点工作，在本书写作的过程中仍有多地在开展试点工作。虽然中国人民银行相关负责人在不同的场合多次表示，我国并没有发行数字货币的"时间表",但一次次的数字货币试点让越来越多的人听说、了解、感受数字货币,这对于数字货币的发行奠定了良好的群众基础。当然,我们最关心的就是我国数字货币的发展现状,尤其是关注数字货币相较于现金的新特点可能会为我们日常生活带来哪些变化。本章将会徐徐展开我国数字货币的动态发展图。

通过对我国数字货币概念、理论、技术和试点等方面的介绍,我们已经了解到数字货币主要作为现金的替代(或补充),一旦发行必将给我们的日常生活带来改变。这种改变是潜移默化的,更是深远的——从表面上看来,我们的日常支付方式会因为数字货币发行而发生变化,内在的则是我们观念的变化。比如,我们的现金变成了"数字",我们的"钱包"多种多样,我们不再为电商平台"有 A 没 B"的支付方式而被迫选择。从全球数字货币研发趋势来看,是否发行数字货币已经不是国家面临的难题,而是发行什么样的数字货币才能在这场数字货币话语权争夺中不至于落后。

姚前曾建立了 DSGE 模型(动态随机一般均衡模型),该模型通过实证模拟的方式在家庭、商业银行、厂商、中央银行四个主体之间研究法定数字货币发行可能带来的经济效益,认为发行法定数字货币将会有利于提高经济产出。[1] 在数字货币未全面发行之前,我们无法判断出如上结论的准确性,但从当前数字货币试点情况来看,数字货币的发行必然

---

[1] 姚前:《法定数字货币的经济效应分析:理论与实证》,载《国际金融研究》2019 年第 1 期。

会对我们的日常生活带来影响。

一、数字货币将改善我们的生活质量

看起来，数字货币只是流通中现金的补充（或替代），主要用于日常支付，与当前用支付宝、微信支付等第三方支付在使用感受上并无明确差异。不过，数字货币就仅仅是如此吗？简单想一想，如果数字货币只是如此的话，国家不必投入大量人力物力财力来研发这样一个对我们生活没什么实质性改变的新事物。但至少我们确定，在数字货币发行后，数字货币将与云闪付、支付宝、微信支付等支付工具一同供公众在日常支付中进行选择；《中国人民银行法（修订草案征求意见稿）》中将人民币分为数字形式和物理形式两类，这就表明数字货币将与现金长期共存，并且不能强迫公众放弃使用现金而使用数字货币。

（一）数字货币让我们的日常支付更便捷

可能你曾在日常支付中遇到过这样的问题：商家只接受支付宝、微信支付等第三方支付，并不接受现金支付，这对于手持现金的人来说已经不是不友好的问题了，往小了说，大不了换一家商户即可，往大了说，这家商户已经涉嫌违法；或者，你遇到过商户支持现金和第三方支付，但是如果使用现金支付要额外支付一笔"手续费"，也就是要超出商品或服务明码标价进行收费，在这种情况下，你为了省钱而只能选择第三方支付；又或者，你平时习惯使用某一种第三方支付方式（如支付宝），而商户只接受另一种第三方支付方式（如微信支付），在这种情况下，你为了在该商户购买商品或服务，而无奈选择注册使用另一种第三方支付方式，当然也可以一走了之；又或者，在医院缴纳费用时，挂号、诊断、开药等费用可以用现金或第三方支付，而到支付住院费用时只能使用银行卡支付，此时在医院跑来跑去的你发现没有带银行卡，又当如何？

1. 数字货币"串联"不同电子支付方式

需要承认的是，包括第三方支付在内的电子支付的确为我们生活带来了便利，我们不用再随身携带现金，不担心别人偷我们的钱包，也不担心我们会丢钱。但不得不承认的是，不同电子支付方式正在为我们织造错综复杂的支付大网，他们在这张网上开始划分各自的支付范围，并不断通过各种商业手段来扩大自己的支付范围。其实，并不是我们选择了哪些电子支付方式是"主流"，而是电子支付企业凭借自身的商业影响力为我们作选择，甚至是强迫我们作出选择，最后，我们成为这些电子支付企业用商业手段牢牢粘住的一个个"猎物"——我们无从选择。

但数字货币的出现可能会将我们从电子支付的大网中"解救"出来，让我们可以在这张大网上任意行动，而不受制于任一电子支付企业。有一句网络流行语可以描述数字人民币发行后，公众在进行日常支付时的心态："小孩子才做选择题，成年人当然是全都要。"**用数字货币进行支付，可**

以给当前我们使用的三种日常支付方式——现金、第三方支付和银行卡支付都带来改变。

首先，数字货币作为现金的替代（或补充），就是一种数字形式的现金，可以直接用于日常的点对点的交易中，与使用现金并无差别。只不过，我们放现金的钱包发生了变化，可以是放在智能手机等智能设备中的数字人民币钱包中，也可以放在芯片卡、智能可穿戴设备这种类型的数字人民币钱包中，从"一手交钱一手交换"，变成了"扫一扫""碰一碰""刷一刷"就可以完成"钱货两讫"。

其次，在互联网平台上，数字货币的使用让我们不必在"非 A 即 B"的第三方支付方式之间进行选择。我们在智能手机上安装数字人民币钱包后，可以授权支付宝、微信等第三方支付平台接入，对我们来说，在进行支付时直接使用数字货币；对商户来说，支付的数字货币直接进入其支付宝或微信等账户内，或直接进入其数字人民币钱包内。我国的数字货币并不是必然与商业银行账户联系，也就是"松耦合设计"使得我们在没有银行账户或绑定银行账户的情况下即可使用数字货币。此时，我们的支付宝、微信等第三方支付账户中的余额可以是从商业银行的活期存款中"充值"而来，也可以是直接使用数字货币进行"充值"的，即数字货币直接是第三方支付"管道"中的"石油"。

最后，在使用银行卡支付上，数字货币的使用虽不以绑定银行卡为必要条件，但更高额度的使用或者为数字人民币钱包充值，都需要绑定银行卡，此时数字人民币钱包与银行卡是连通状态。从当前数字人民币的设计来看，我国多个商业银行都参与了数字货币的设计，内部都有数字人民币钱包，这意味着在使用银行卡支付的场景中，可以直接使用商业银行 App 上的数字人民币钱包进行支付；或者使用数字人民币钱包接入不同的商业银行账户，以一个数字人民币钱包进行支付。

综上所述，不难发现，数字货币在现金支付、第三方支付和银行卡支付中都可直接发挥作用，我们无需再因为支付方式的不同而被迫选择。科技的发达应该让我们享受它带来的便捷，而不是面对更多的壁垒，数字人民币应该就是打破这些科技壁垒的公共产品。

2. 数字货币统一"线上 + 线下"支付

再进一步分析，**数字货币的出现其实统一了"线上支付"与"线下支付"**。虽然第三方支付和银行卡支付等电子支付在一定程度上也可实现"线上支付"与"线下支付"的统一，但范围有限，并不能满足大众的普遍日常支付需求。而我国数字货币因为采用了"松耦合设计"能够在不同的电子支付工具中流通，无论是支付宝、微信等第三方支付平台，还是银行卡，抑或是数字人民币钱包，都是我国数字货币的一种钱包。钱包内流通的都是数字人民币，可以打通不同的电子支付工具，于我们和商户而言，让收付款都更加便利。

当然，**数字货币的出现避免了商户只支持特定支付工具收款违法行为的发生**。当前，商户只支持特定支付工具来收款并不一定有拒收现金的故意，也可能是第三方支付工具为了拓展市场而与商户达成的合作，或者是当前消费者习惯使用第三方支付工具进行支付，在这种情形下，就会形成商户只支持特定第三方支付工具收付款而不接受现金支付。而数字货币可以在不同类型的"钱包"内存储并用来支付，那么，我们不用担心商户选择何种支付工具来收付款，因为数字人民币既可以充当现金进行支付，也可以接入第三方支付工具直接用数字人民币进行支付，这也就意味着我们在线上、线下支付都可通过数字人民币进行。

3. 数字货币降低交易成本

数字货币让我们在支付中以较小的成本完成交易。数字货币作为现金的替代或补充，可以让我们进行点对点支付，节省交易成本。当前，第三方支付工具的提现需要支付一定数额的交易费用；银行账户在一定限额内的转账不需支付手续费，但跨行取款仍需要支付费用，等等。使用数字货币进行支付，无论数字货币存储在商业银行的数字人民币钱包中，还是存储在支付宝或微信支付账户中，从当前来看，并不需要支付手续费就可进行转账、取现等操作，为我们在不同移动支付平台内转账提供了便利。

数字货币的低成本交易特点也适合在偏远贫困地区和跨境支付等场景进行应用。偏远贫困地区的金融基础设施并不完备，当地的人们并未充分享受到当前便捷的商业银行的银行卡支付和支付宝、微信支付等第三方支付，因为如上两种移动支付方式之间具有内在联系性，没有绑定银行卡账户的第三方支付难以发挥作用。在偏远贫困地区使用数字货币支付，与开立银行账户并无直接关系，即可满足日常支付需求。这样在开立账户、转账等方面将会节约成本。同理，支付宝、微信支付等第三方支付在偏远贫困地区推广使用的困难在于，当地的商户与消费者对第三方支付的需求并不强烈，配套的网络等基础设施并不完备。数字货币在偏远贫困地区使用除了不以开立银行账户为前提外，也可不以使用智能设备为必要条件，在无网络的情况下仍可使用。

从这个角度看，第三方支付并无优势。数字货币除了可以使用智能手机，利用数字人民币钱包软件进行支付外，也可使用芯片卡等硬钱包进行支付，这为偏远贫困地区人们使用数字货币提供了机会。同时，数字货币在无网络情况下使用，这就使在偏远贫困地区人们因为无法支付网络费用或者没有网络信号时仍可使用数字货币进行支付，使用数字货币的效果比当前的移动支付效果要好。在与使用现金支付相比，数字货币在支付成本上仍有劣势。不过，数字货币与扶贫等财政精准投放相结合，通过发放数字货币的方式为当地百姓提供公共福利，以这种方式促进当地百姓对数字货币的接受。

举个简单的例子帮助我们理解在跨境支付中使用数字货币如何让我们节省成本。在跨境旅游中，我们通常需要兑换外币或者使用国外商户接受的银行卡进行支付，在这个过程中，我们需要支付兑换外币的费用、银行收取的手续费。国人的出境旅游热成了我国支付宝、微信支付不断发展的重大推动力，只要商家接受，我们在国外可以使用支付宝、微信支付等第三方支付工具进行支付。这对我们来说省去了兑换外币的麻烦，但其中的手续费不是发生在我国商业银行之间的转账费用，而是我国商业银行与国外银行之间转账的费用，同样不容忽视。而在国外使用数字货币进行支付，省去了银行之间的转账费用，支付的数字货币可直接进入商户的账户。加之，使用数字货币进行支付，效率更高、安全性更强。

（二）数字货币让我们的财产更安全

与我们个人信息泄露直接相关的就是我们的财产安全。在如何保护我们所拥有的财产安全，也就是保护所持有的数字货币的安全方面，中央银行在研发数字货币过程中作了多重努力。世界银行首席信息安全构架师张志军在接受《经济参考报》采访时表示电子支付在中国已经很普遍，但是用户的隐私目前没有得到保护。央行的数字货币如果能保护使用者的隐私，那么在日常的小额付款这个应用领域会成为很多人的首选。

1. 数字货币方便公众管理自己的财产

当前，无论是将货币存入银行账户还是经由第三方支付平台进行支付，用户对自己的财产并未拥有完全的控制权。在两个平台上，除了用户拥有自己账户的密码外，银行和第三方支付平台也能够控制该账户。最简单的例子就是商业银行可以利用用户的存款货币发放贷款，第三方支付平台也有类似的操作。风险也是显而易见的，如果商业银行或者第三方支付平台破产，用户可能面临不能完整取回自己财产的风险。

更极端地说，发生过商业银行工作人员直接挪用用户存款账户资金的严重侵害用户财产权益的行为，如2020年某地农业银行员工私自划走用户210万存款用来放贷。而数字人民币钱包虽是由金融机构开发设计，但设计标准由中央银行确定，这可有效保障用户管理自己的财产。并且，只要用户保护好数字货币钱包的私钥，同样可以防止上述侵犯财产行为的发生。

2. 采用双层运营体系分散金融风险

一是数字货币的双层运营体系是沿袭当前已有的法定货币的二层运营体系，即由中央银行与商业银行共同确保数字货币的发行流通。数字货币的这种设计思路是为了维持当前法定货币发行流通体系的稳定性，降低更改运营体系的成本，在维护商业银行利益的同时分散金融风险。

二是数字货币的双层运营体系与当前的法定货币的运营体系并不完全相同。数字货币的双层运营体系的确是中央银行在第一层，而商业银行在第二层，以此来确保数字货币的投放与市场对数字货币的接受。但在双层系统中的第二层中不只有商业银行，还可以有电信营运商、第三方支付平台等，只不过商业银行与第三方支付平台的功能不同，商业银行仍然承担为公众兑换数字货币的职能，而第三方支付平台则与商业银行一道共同承担着数字货币的流通服务，围绕数字货币构建充满活力与竞争力的环境，让公众能够享受到更加安全与便捷的支付等服务。

　　在商业银行承担兑换数字货币职能时，需要的介质就是"数字人民币钱包"。从这个角度看，"数字人民币钱包"的开立与商业银行紧密相关。具体而言，就是以中央银行指定的商业银行作为数字货币的运营机构，其根据用户所提供的个人信息的详细程度，即客户信息识别强度来开立不同级别的"数字人民币钱包"进行数字货币的兑换服务。指定的商业银行还要与其他商业银行、第三方支付平台等共同承担数字货币的流通服务，以实现公众在日常支付中对数字货币所需。

　　可见，在数字货币发行兑换流通环节中，越来越多的市场主体参与其中，市场主体的经营风险也会在这样的生态系统中有所降低，而公众因市场主体经营风险的发生而遭受财产损失的概率也将降低，这是一种间接保护我们财产安全的系统设计。同时，我们需要明白的是，我们的"数字人民币钱包"虽然会在指定商业银行进行开立，但是一旦开立后，存储在我们"数字人民币钱包"内的数字货币是完全属于我们的，也就是我们对"数字人民币钱包"内的数字货币享有所有权，通过自己掌握密钥（密码）的方式来确保对数字货币的所有权。这是通过用户实名和密钥的方式来确保对自己数字货币完全的控制权。

　　这意味着即便商业银行等金融机构资不抵债而破产时，并不影响我们"数字人民币钱包"内的数字货币，"数字人民币钱包"内的数字货币并不会成为金融机构的破产财产。道理很简单，虽然我们的"数字人民币钱包"可能需要在商业银行开立，但一旦从商业银行的账户进入到"数字人民币钱包"，其实就是我们从商业银行取现金到我们的钱包中，已经与商业银行无关，所以即便是商业银行存在经营风险，影响的是我们在商业银行开立的银行账户，而非装在我们钱包中的货币，**无论这个货币是实体的还是虚拟的，还是我们的"钱包"是物理空间或是数字空间**。

3. 巩固中央银行权威以维护财产安全

双层运营体系是在以中央银行为核心基础上的多中心运营，本质是维护中国人民银行作为中央银行在数字货币发行过程中的权威地位，以及在兑换流通中由金融机构等共同承担金融风险。私人数字货币在设计中采用分布式账本技术的方式以期保障私人数字货币的安全，但事实证明"去中心化"的私人数字货币设计并未完全实现保护数字财产安全的作用；而"中心化"的法定数字货币设计在保护个人财产安全的效果上也未必低于私人数字货币。更为重要的是，我国数字货币采用"中心化"管理的方式可以确保国家的法定货币由国家指定机构发行，有利于维护国家法定货币地位，维护我国的货币主权。一旦发生类似于私人数字货币因技术漏洞而被盗窃等威胁财产安全的行为时，中央银行会利用国家力量来维护数字货币系统的稳定。

具体而言，中央银行对数字货币的管理，可以实现支付即结算，将有效提高支付效率、数字货币的流通效率和资金的周转效率。中央银行对数字货币的中心化管理可以打破当前第三方支付平台对日常支付方式的割裂，而于普通民众而言，我们可以不必再因不同的支付方式而作出选择；中央银行对数字货币的中心化管理将促进第三方支付平台等商业主体围绕中央银行对数字货币的管理而进行商业布局，做好数字货币的流通服务。

可以想象，**中央银行是数字货币完整生态环境的圆心，无论是商业银行，还是互联网平台等都是围绕圆心形成的一个个同心圆**，中央银行能够充分利用圆心地位来传导货币政策以及执行或辅助执行国家的其他政策，以确保数字货币在国家社会生活中各个方面发挥作用。我们国家数字货币充分发挥货币职能并能利用技术在具体领域发挥其他功能，从而增强我国数字货币的法定地位，将有效抵御私人数字货币尤其是稳定币对我国金融体系的冲击，在维护我国货币主权的同时也保护了我们以数字货币为基础的个人财产。

4. 提升中央银行监管能力来保护财产安全

数字货币有助于中央银行监管，在整体上保障我们的财产安全。具体而言，根据当前数字人民币的设计，采用的是"一币、两库、三中心"的设计架构，"一币"指的是我国的数字货币，"两库"指的是中央银行的发行库和商业银行的业务库，"三中心"指的是认证中心、登记中心和大数据分析中心。其中，认证中心负责管理相关机构和用户的身份信息，这就是上文提到的中央银行了解个人信息，即为可控匿名；登记中心负责管理数字货币的所有权登记以及数字货币从产生到消亡的全过程，即数字货币可溯源；大数据分析中心负责处理大数据以监管数字货币的流通，并监测洗钱、非法集资等违法犯罪行为等。

我们可以想象这样一幅情景：如果有人涉嫌诈骗、盗窃我们的数字货币时，中国人民银行的大数据分析中心可以阻断该违法行为或者可以采取当前已有的防诈骗方法：与公安部门合作，由公安部门特定号码通过拨打电话或发送信息的方式进行提醒。从这个角度看，中央银行通过技术手段保障我们的数字货币的安全。大数据中心对洗钱等违法犯罪行为的监测将有助于维护国家金融稳定与安全、防止资产外流。这就从整体上维护了我们的财产安全。

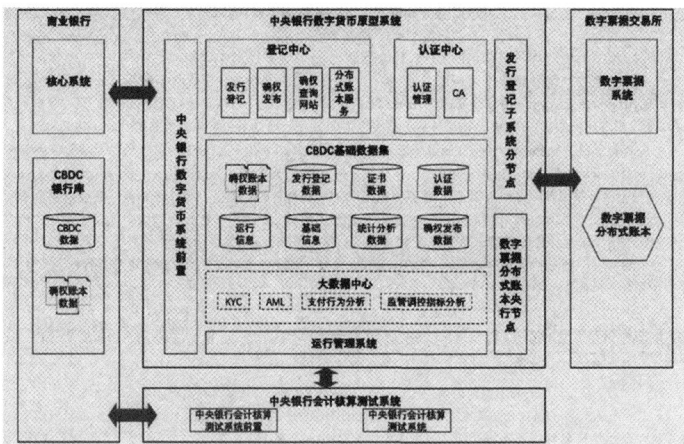

图 4-1 央行数字货币原型系统模型

（图片来源 姚前：《中央银行数字货币原型系统实验研究》，载《软件学报》2018 年第 9 期）

5. 国家机关关注对数字货币财产安全的保护

我国相关国家机关已经开始了对数字货币财产安全保障

的关注。如最高人民法院、国家发展和改革委员会发布了《关于为新时代加快完善社会主义市场经济体制提供司法服务和保障的意见》（2020 年 7 月 20 日）。其在第二部分"加强产权司法保护，夯实市场经济有效运行的制度基础"部分中明确提出要"健全以公平公正为原则的产权保护制度"，包括"加强对数字货币、网络虚拟财产、数据等新型权益的保护，充分发挥司法裁判对产权保护的价值引领作用"。从中不难发现，我国对数字货币的保护是将其视为一种新型权益，与网络虚拟财产、数据等并列，是从数字货币的数字性，即表现形式出发作出的划分。数字货币作为我们财产的体现，需要国家予以保护，也需要国家通过立法来形成相应的保障制度，以促进国家通过数字货币实现普惠金融，更多人享受数字货币所带来的便利与福利。

6. 技术组合增添了保护财产安全的方式

此外，将智能合约等技术应用到数字货币流通领域，可以实现数字货币的精准投放，同时通过溯源的方式来确保数字货币不被挪用、克扣等，让老百姓能切实享受到国家利用数字货币所带来的各项社会福利，这也是公平公正的数字货币产权保护的具体体现。据报道，深圳工商银行与深圳市关爱行动公益基金会合作，在工商银行"融 e 购"App 上使用数字人民币进行公益捐赠，将捐赠信息记录在区块链上，即利用工商银行的"工银玺链"对捐赠信息进行存证，以确保捐赠信息可溯源，防篡改。这是数字人民币与区块链技术在公益捐赠领域的具体应用。数字人民币并不一定使用区块链技术作为底层研发技术，但同时数字人民币也不排斥区块链技术在特定场景的应用。毫无疑问的是，我国数字货币研发的出发点和落脚点都是公共利益，让公众享受更加公平公正的财产分配是国家的义务。

（三）数字货币让我们的交易信息更安全

如今个人信息屡屡被泄露。一些不法分子用我们的个人信息对我们进行诈骗、盗窃、敲诈等违法犯罪行为，严重威胁我们的人身和财产安全。交易环节信息的泄露不容忽视，如我们的身份信息、地理位置信息、财产信息等都有被泄露的可能。数字货币的出现为我们防止个人信息泄露提供了一种思路：数字货币的设计采用"前台自愿，后台实名"，即我们在使用数字货币进行支付时，可以自己决定是否将个人信息授权商户使用，以及是否将个人信息进行匿名化处理；同时，我们在使用数字货币时需要通过注册数字人民币钱包进行，在注册过程中，我们会提交一些必要的个人信息进行验证，我们的个人信息由中央银行掌握。也就是在保护我们个人信息的前提下，让中央银行掌握必要的信息以更好地履行职能。从如上我国数字货币的设计来看，在一定程度上我们的个人信息有被降低泄露的可能。

数字货币能够方便公众管理自己的信息，能够自主决定个人信息的使用。发行数字货币后，用户的财产信息和其他个人信息都将是数字形式，只有在用户授权的前提下，其他主体才能使用用户的个人信息，这就有效避免了个人信息在不同的平台上被泄露的风险，尤其是关于个人财产的隐私信息。虽然数字货币的发行需要充分的数据进行分析，以更好地发挥调控作用，但是，中央银行在使用个人数据的时候也只是在统计学意义上的使用。我国国家机构在使用个人信息上采用了严格的审查标准，能够有效保证个人信息不被泄露。但个人信息的泄露往往都发生在其他平台，在用户授权其他第三方机构使用自己交易的相关信息时，需要对第三方机构使用或者存储个人信息上作出严格限定，除了必要的信息用于验证外，不应存储个人信息。

事实上，随着公众对个人信息保护的重视，以《个人信息保护法（草案）》于2020年10月21日公开征求意见为标志，让个人信息保护于法有据已经成为共识。商业主体，尤其是互联网平台对个人信息保护有着需求，因为一旦发生个人信息泄露等负面消息，将会对该互联网平台产生不利影响。故而，无论是从国家保护个人信息的角度，还是从互联网主体迫于监管和舆论压力而保护个人信息的角度，抑或是公民个人对个人信息保护意识的增强，在数字货币中作出有利于个人信息保护的设计，同样也是数字货币在未来承担替代或补充流通中现金功能的考量。

二、数字人民币试点让数字货币开始走入我们的生活

（一）数字人民币的广泛试点源于稳妥研发

我国之所以能够自2020年起启动数字人民币试点工

作，并不断扩大数字人民币试点范围，皆源于我国近年来稳步推进数字货币研发工作为此打下了坚实的理论研究与实践基础。中国人民银行对数字货币的研发体现在如下几个方面：

一是建立了专门的法定数字货币研究机构，培养了一批专业的数字货币研究队伍，如2014年的法定数字货币研究小组以及2017年成立的数字货币研究所，中国人民银行数字货币研究所与多个企业合作研发数字货币等。

二是逐步推出相关研究成果，如我国关于数字货币的第一批研究成果由中国人民银行相关研究人员发表在《中国金融》上。除此之外，中国人民银行也以公布工作报告的方式介绍数字货币的研究现状；中国人民银行相关部门或一些企业以公开与数字货币相关的专利的方式来体现我国数字货币的研究成果。

三是引入专业机构参与。数字货币最早由私人发行，研究数字货币的民间力量繁荣且多元。数字货币作为支付工具使用时，要吸收借鉴当前在我国已发展成熟的第三方支付工具，其安全、效率和容量在世界上都是首屈一指，中央银行在研究数字货币时与我国的商业银行、大型科技公司合作足以说明数字货币的功能可以媲美甚至超越私人数字货币和第三方支付工具。

四是在国际上贡献研发法定数字货币的经验。我国中央银行十分注重在法定数字货币相关政策、规则标准制定上提供中国思路，分享中国经验，除了与国际货币基金组织等国际组织积极沟通外，也不断在国际会议上分享中国的研究成果和研究趋势。

如下将用表格梳理我国数字货币发展的历程，中间也会穿插对天秤币 Libra（Diem）个别事件的介绍。从中不难看出，我国数字货币经过多年的研发，已经较为成熟，并开始了数字货币"线上＋线下"的试点实践活动，实现日常支付功能。

表 4-1　我国数字货币的研发与实践现状

数字人民币的研发与实践	
2014 年	中国人民银行成立法定数字货币专门研究小组，旨在讨论发行法定数字货币的可行性。
2016 年 1 月	中国人民银行召开数字货币研讨会，公开表明我国于 2014 年开始数字货币的研究，确定中央银行发行数字货币的战略目标。
2016 年 11 月	中国人民银行官网发布的直属单位印制科学研究所 2017 年度人员招聘计划中，拟招聘专业人士进行数字货币研发工作。
2016 年 12 月	中国人民银行直属单位数字货币研究所成立。
2017 年 9 月	中国人民银行等七个部门联合发布《关于防范代币发行融资风险的公告》。
2018 年 3 月	周小川在第十三届全国人大一次会议"金融改革与发展"主题记者会上指出，央行用的研发名字叫"DC/EP"（DC，digital currency，是数字货币；EP，electronic payment，是电子支付）；中央银行召开 2018 年全国货币金银工作电视电话会议（3 月 28 日）指出，2018 年央行货币金银部门要扎实推进央行数字货币研发。
2018 年 6 月	央行数字货币研究所成立了全资控股的深圳金融科技有限公司。

（续表）

数字人民币的研发与实践	
2018 年 9 月	央行数字货币研究所与南京市人民政府、南京大学、江苏银行和中国人民银行南京分行等机构合作建立了南京金融科技研究创新中心和中国央行数字货币研究所（南京）应用示范基地。
2019 年 6 月	脸书发布天秤币白皮书（第一版）。
2019 年 8 月	中国人民银行召开 2019 年下半年工作电视会议，明确指出下半年要加快推进数字人民币的研发步伐，并及时跟踪国内外虚拟货币发展趋势；穆长春在第三届中国金融四十人伊春论坛上表示，央行数字货币采用"双层运营体系"，同时宣布央行数字货币"现在可以说是呼之欲出了"；中共中央、国务院发布《关于支持深圳建设中国特色社会主义先行示范区的意见》，指出要支持在深圳开展数字货币研究和移动支付的创新应用。
2020 年 4 月	央行召开 2020 年全国货币金银和安全保卫工作电视电话会议，指出要加强顶层设计，坚定不移推进法定数字货币研发工作。
2020 年 5 月	脸书发布第二版天秤币白皮书。
2020 年 8 月	商务部发布《关于印发全面深化服务贸易创新发展试点总体方案的通知》，指出将在京津冀、长三角、粤港澳大湾区及中西部具备条件的试点地区开展数字人民币试点。先行在深圳、苏州、雄安新区、成都及未来的冬奥场景进行封闭试点测试，后续视情况扩大到其他地区。
2020 年 10 月	深圳市政务服务数据管理局在其官方公众号"i 深圳"上发布了"2020 礼享罗湖"促销活动的信息。该活动将面向在深个人发放 1000 万元**礼享罗湖数字人民币红包**，每个红包金额为 200 元，红包数量共计 5 万个。
2020 年 12 月	12 月 11 日，"苏州发布"官方微信号发文宣布，"**双 12 苏州购物节**"数字人民币消费红包经公证处现场公证，已完成 10 万名中签个人"数字人民币 App"使用资格的申请工作。此次发放的红包可通过"数字人民币 App"至苏州地区指定线下商户进行消费，也可通过京东商城进行线上消费。 脸书将天秤币 Libra 更名为 Diem。

（续表）

数字人民币的研发与实践	
2021年 1月	1月1日，深圳市人民政府联合中国人民银行开展第二轮"数字人民币红包"试点活动，面向在深个人发放2000万元**"福田有礼数字人民币红包"**，每个红包金额为200元，红包数量共计10万个。 1月5日，在上海交通大学医学院附属同仁医院员工食堂，借助数字人民币"硬钱包"，实现点餐、消费、支付一站式体验。 1月20日9时，深圳市龙华区开启**"数字人民币春节留深红包"**活动，面向辖区内商事主体中购买社保的春节留深人员发放10万个红包，每个红包金额200元，共计2000万元。 北上广将数字货币写入《2021年政府工作报告》。
2020年 2月	北京市于2月7日零时启动**"数字王府井冰雪购物节"**数字人民币红包预约活动，面向在京个人发放总额1000万元、5万个数字人民币红包，每个数字人民币红包金额为200元，红包采取抽签形式发放。

　　研发数字货币被明确写入我国政府工作计划中。我国数字货币是以电子支付为核心功能、以安全性、便利性和效率性为特征、以改变国家与公民之间关系为表现的新生产方式的载体。我国数字货币已经从概念设计发展到试点应用阶段，尤其是自2020年下半年以来，我国多个地方已经开始数字货币试点，其中深圳已经开启了多次试点工作。我国的试点工作已经实现了线上与线下相结合、参与测试公众广泛、能够一定程度上经受高交易量的考验。《**中华人民共和国国民经济和社会发展第十四个五年规划和2035年远景目标纲要**》中指出，要"建设现代中央银行制

度，完善货币供应调控机制。稳妥推进数字货币研发"。北上广三省（市）明确将数字货币写入 2021 年《政府工作报告》中。

北京市市长陈吉宁于 2021 年 1 月 23 日在北京市第十五届人民代表大会第四次会议政府工作报告中明确提出，今年北京市将推动出台实施绿色金融、科创金融两个改革创新试验区方案，加快金融科技与专业服务创新示范区建设，推进数字货币试点应用。上海市市长龚正于 2021 年 1 月 24 日在上海市第十五届人民代表大会第五次会议上所作的政府工作报告中明确提出要将"积极配合国家金融监管部门，持续推动金融业扩大对外开放，继续集聚一批功能性、总部型机构，推进数字人民币试点，坚决守住不发生区域性系统性金融风险底线"作为 2021 年主要任务。广东省省长马兴瑞于 2021 年 1 月 24 日作政府工作报告时表示，全力推进深圳先行示范区综合改革试点。支持深圳构建高水平要素市场体系，建设自然资源资产交易平台，推进全球海洋中心城市建设，打造数字货币创新试验区。

从中央到地方对数字货币研发的重视，充分解释了我国数字货币试点在 2020 年下半年开始进入了"快车道"：在 2020 年仅在深圳、苏州和北京进行了小范围的数字人民币试点工作，而进入 2021 年以来，多地已经开始着手数字人民币的试点工作，并不断公开与数字货币相关的研究成果。截至 2021 年农历新年，我国在深圳、苏州、上海、北京等地开展了数字货币的试点，如下将分别进行介绍。

（二）深圳数字货币试点

1. 深圳第一次数字货币试点：深圳市罗湖区

深圳市罗湖区的数字人民币试点，是我国第一次面向特定区域社会公众对数字人民币进行测试，是我们老百姓第一次可以直接感受数字人民币的试点工作。深圳市罗湖区数字货币试点具有里程碑意义，因为此次试点应用让数字人民币从内部测试走向公开测试，将公众纳入数字货币的公开测试中来，更加符合我国数字货币用于日常支付的基本功能。

深圳市官方媒体"深圳发布"于 2020 年 10 月 8 日发布关于深圳罗湖区央行数字货币试点应用的消息：向在深圳的个人发放 1000 万元"礼享罗湖数字人民币红包"，每个红包金额为 200 元，红包数量共计 5 万个。公开发布此次数字人民币红包试点有两个目的，一是推进粤港澳大湾区建设，二是结合本地促消费政策。本次数字人民币试点中数字货币的获取方式如下：由深圳市罗湖区政府出资，通过抽签方式将一定金额的资金以"数字人民币红包"的方式发放至在深个人"数字人民币钱包"，社会公众可持发放的"数字人民币红包"在有效期内至罗湖区指定的商户进行消费；同时明确地告知社会公众此次试点的性质，即一是深圳市在疫情防控常态化期间为刺激消费、拉动内需而开展的创新实践探索，二是数字人民币研发过程中的一次常规性测试。

（1）如何预约"数字人民币红包"？

此次参与数字人民币试点运行的是在深居民通过"摇

号抽签"的方式进行的。在"摇号抽签"前需要公众提前在抽签报名通道预约，需要提交的信息有**姓名、身份证号、手机号码**等基础个人信息，并在中国工商银行、中国银行、中国建设银行和中国农业银行中选择"礼享罗湖数字人民币红包"领取银行，将如上信息提交后，会进入"报名确认"页面，需要将手机收到的确认码输入，确认码核验通过即报名成功。确认码是后续查询中签的凭证，要妥善保存。至此，已经预约成功，等待抽签结果，既可以通过"进度查询／确认码查询"查看中签结果，也可以等待系统发送的中签短信。在整个预约过程中，随时都可以取消预约登记。

中签的个人将会收到中签短信和"数字人民币钱包"的下载链接，根据提示下载并完成"数字人民币钱包"的注册，还需要从当前参与试点的中国工商银行、中国银行、中国建设银行和中国农业银行选择一个银行作为"数字人民币红包"的领取银行。当然，没有如上四个商业银行的账户也可以领取200元"数字人民币红包"，只不过在支付的金额超过200元后，没有办法再通过银行卡对"数字人民币钱包"进行充值了。

（2）如何使用"数字人民币钱包"？

此次数字人民币试点中主要测试的是"数字人民币钱包"的"扫一扫"支付功能。中签者到有明确标示支持数字人民币支付的商家进行消费，商家会使用新安装的POS机扫描中签者数字人民币钱包的二维码即可完成支付。当然，中签者也可以通过数字人民币钱包的"扫一扫"功能来扫商家的收款二维码完成支付。这与当前使用支付宝和微信支付的"扫一扫"相同。

从"数字人民币红包"的名称就可看出，这是促进消费的一种方式，并未测试数字人民币线上支付和转账功能。在使用"数字人民币钱包"消费时，并没有实现"选择匿名"，在交易记录中可以看到付款的对象、付款金额和付款时间。

（3）深圳市罗湖区数字人民币试点的特点

一是此次试点应用的"数字人民币红包"由深圳市罗湖区政府发放。可以将此次数字货币试点视为政府以发放"消费券"的方式刺激消费。对于这种可以为不特定公众带来利益的行为，要确保有限金额数字货币发放的公平性，从而采取"抽签"的方式进行。

二是以"摇号抽签"的方式确保发放的公平性。正是因为罗湖区政府发放的数字货币金额有限，对在深圳的个人采用"摇号抽签"的形式发放。用"摇号抽签"的方式体现"数字人民币红包"发放的公平性，是有限政府资源发放给不特定公众的一种公平方法，能够考虑到"摇号抽签"对象参与的公平性。虽然将参与对象限定在深圳的个人，但在深圳的个人（不限户籍）都可通过预约登记的方式获取"摇号抽签"资格。从目前数字货币试点情况来看，公开测试采用的都是在特定地区以"摇号抽签"的方式发放"数字人民币钱包"。

三是以"手机号码＋身份证"的方式实现实名制。罗湖区政府在数字货币预约登记阶段就开始了实名制登记。手机号码用于向中签者发送下载和注册"数字人民币钱包"的信息。不过，此次数字货币试点是利用智能手机安装"数字人民币钱包"进行"扫一扫"从而完成支付，对不擅长使用移动支付的数字边缘群体来说并不友好。

四是以"数字人民币红包"的方式增加参与度。中签个人获得数字货币的方式是通过下载的"数字人民币 App"开通"个人数字钱包"来领取"数字人民币红包"。从预约登记到领取"数字人民币红包"，只要按照要求填写包括姓名、身份证号和手机号在内的个人身份信息即可，并不需要与特定的银行账户绑定，也不需要注册特定的支付账户（类似支付宝账户或微信账户）。此次试点的"数字人民币红包"只能由本人使用，并不能将其兑回至本人的银行账户，且该"数字人民币红包"具有 7 天 6 小时的有效期，超过有效期未使用将被收回。

2. 深圳第二次数字货币试点：深圳市福田区

2021 年 1 月 1 日，深圳市政府开展第二轮的"数字人民币红包"试点活动，面向在深个人发放 2000 万元"福田有礼数字人民币红包"，每个红包金额为 200 元，红包数量共计 10 万个。与深圳第一次数字货币试点运行相比，"数字人民币红包"数额涨了一倍。

（1）如何预约"数字人民币红包"？

只要在深圳的个人都可以通过"i 深圳"系统来预约登记"福田有礼数字人民币红包"。其余步骤与深圳市罗湖区试点一样，仍然是通过抽签的方式获得"数字人民币红包"。

中签者根据短信操作后下载"数字人民币 App"，即可获得数字人民币 200 元。根据"幸福福田"官方微信公众号公布，截至 1 月 17 日 24 时，95628 名中签者领取"福田有礼数字人民币红包"，使用红包交易 13.98 万笔，交易金额1822.65 万元。

（2）如何使用"数字人民币红包"？

福田试点与罗湖试点在线下支付的使用方式一样，只要商户的收款系统经过改造可以接受数字人民币付款即可，中签者可以在有"数字人民币"标识的商家进行消费。在购物时，打开"数字人民币 App"就可以通过"上滑付款—扫描二维码—输入密码"完成数字货币支付。

此次试点范围比罗湖试点参与人数更多、参与的商业银行和商业主体也在增多。如参与的行业不局限在百货零售，还有餐饮、出行、教育培训等多个领域，参与商户从 3000多家增至 10000 余家，支持银行从 4 家增至 6 家。涉及的区域也更加广泛，深圳第一次数字货币试点仅限于深圳市罗湖区门店，而此次试点则推广到深圳市门店。此次数字人民币试点活动使用场景扩大至全市，除了"扫一扫"进行支付外，此次试点还支持"数字人民币钱包"的"碰一碰"支付功能。具体操作就是，使用者打开"数字人民币钱包"App后，点击支付二维码下方的"碰一碰"功能，然后将手机靠近商家的 POS 机等收款设备，一秒钟即可完成支付。这也就是说，对于有些商家而言，无论其在收款处贴着收款二维码（静态二维码）还是 NFC 标签，消费者都可"扫一扫"

或"碰一碰"完成付款。

据报道，福田试点中部分中签者还对"数字人民币钱包"进行充值，即用绑定的银行卡向"数字人民币钱包"充值，充值消费金额达 151.97 万元。深圳市福田区试点活动主办方表示，即便在试点活动结束后，中签个人的"数字人民币钱包"仍可正常使用；而完成数字人民币系统改造的商户仍可接受数字人民币付款，这意味着数字人民币的使用可能很快会走入寻常百姓家。

3. 深圳第三次数字货币试点：深圳市龙华区

2021 年 1 月 20 日，深圳市龙华区开启"龙华数字人民币春节留深红包"活动，面向辖区内商事主体中购买社保的春节留深人员，发放 10 万个"数字人民币红包"，每个红包金额 200 元，共计 2000 万元。此次数字货币试点活动是在新冠肺炎疫情防控期间鼓励员工留深过年的补贴。深圳市龙华区政府抽取 10 万名中签人员。从 2 月 1 日上午 9 时起，活动主办方向中签人员发放"数字人民币春节留深红包"。中签人员可在有效期内（2 月 1 日上午 9 时至 2 月 9 日 24 时）到龙华区指定商户进行无门槛消费，和其他地方数字货币试点相同，中签人员不能将"数字人民币红包"转给他人或兑回本人银行账户。

（三）苏州数字货币试点

苏州数字货币试点是我国在地方进行的第二次试点活动。将数字人民币的第二次公开试点放在深圳市三个区的数字人民币试点后，只是为了从地区的角度出发更好地介绍数字人民币的几次试点情况。2020 年 12 月 11 日，"苏州发布"官方微信号发文宣布，"双 12 苏州购物节"会对符合条件的市民以"抽签摇号"的方式发放 10 万个数字人民币消费红包，每个红包包含 200 元数字人民币。

中签者仍然是按照短信提示下载"数字人民币 App"并开通"数字人民币钱包"，到苏州地区指定线下商户进行消费，也可通过京东商城进行线上消费。**这是首次在数字人民币试点中引入线上消费。**

《人民日报》曾对苏州数字人民币试点进行了报道，特别强调"数字人民币支付体验流畅，没有网络也能付款"的优势，对"离线"支付也进行了精彩描述：交易双方各自将手机调整到飞行模式，店主在数字钱包中输入收款金额，付款人打开数字钱包里的付款页面，两个手机相互碰一碰，只听"嗖"的一声，数字人民币支付就完成了，耗时不到 2 秒钟。[①]

苏州数字人民币试点作为我国第二个数字人民币试点，相较于深圳市罗湖区的数字人民币试点，明显具有如下几个变化：

一是数字人民币红包的数量和总金额都翻倍了，这意味着参与数字人民币试点的公众更多了。具体而言，每个数字人民币红包数额仍是 200 元，但在发放数量上却增加了一倍，从 5 万中签人到 10 万中签人，扩大了参与数字货币试

---

① 《数字人民币，支付新选择》，载《人民日报》2021 年 1 月 18 日，第 18 版。

点的公众，可以为测试数字货币性能提供更多的数据。

二是此次参与测试的商业银行在工商银行、农业银行、中国银行和建设银行基础上，又增加了交通银行和邮政储蓄银行，为中签人员在银行选择上提供了更多可能性。从目前来看，商业银行参与测试，目前承担的功能是在中签人花光200元"数字人民币红包"后，还能通过自己的银行账户提取数字货币进行消费。和深圳市罗湖区数字货币试点相同，中签人员无需绑定银行卡，即可使用发放到"数字人民币钱包"中的"数字人民币红包"进行消费。

三是此次试点中支持数字人民币的离线钱包体验，在智能手机无网络的情况下以"碰一碰"的方式完成支付。离线钱包体验是指在没有网络或者网络信号弱的时候，用户在支付或转账时并不需要连接后台系统，只需要在"数字人民币钱包"验证用户身份并确认交易信息后即可完成支付。此次离线支付仅针对一部分"中签"人员，也只能在指定的智能手机上才能体验该功能，这意味着数字人民币的硬钱包的离线支付功能对手机芯片有着高要求。

四是数字人民币的支付场景不局限于线下，也开启了线上支付，中签人员可使用数字货币进行线上消费；也可以对线上支付的商品选择使用数字人民币进行货到付款，只要收货地址在苏州市相城区。在这个过程中需要注意的是，与当前在电商平台开通不同支付工具进行支付不同的是，此次需要中签人在"数字人民币 App"内向商户主动推送数字人民币钱包"子钱包"，可以对指定商户开启免密便捷支付。

（四）北京数字货币试点

根据已经公开的信息来看，北京数字货币的试点可以分为两部分，起初是未公开的局部测试，之后是公开的继续以发放"数字人民币红包"的方式进行试点。

1. 数字货币的内部测试

根据"央广网北京"2021年1月2日公布的消息来看，北京数字货币的首个试点是在北京丰台的一家咖啡店，被邀请下载"数字人民币 App"的消费者可以使用数字货币进行支付。在这家咖啡店内的数字货币支付，分为扫描二维码支付和"碰一碰"支付。数字货币支付虽然和支付宝、微信支付等第三方支付相似，但最大的不同就是商家收到的数字货币会直接进入商家的商业银行账户。

而且，需要关注的是，数字人民币在2022年北京冬奥会上的试点已经开始准备，如2020年12月29日，在北京地铁大兴机场线开始数字人民币北京冬奥会试点，被邀请的体验者可以开通"数字人民币钱包"，用来购买大兴机场的地铁票，还可以用数字人民币可穿戴设备钱包——滑雪手套"碰一碰"通过地铁闸机，当然，此处的数字人民币试点仍然是内部测试，并未向公众开放。

2. 呼应北京冬奥会的数字货币试点

北京市围绕冬奥消费全场景，于2021年2月7日启动"数字王府井冰雪购物节"数字人民币试点活动。本次活动由北京市东城区人民政府主办，通过预约报名、抽签发放红包的方式，向中签人员发放5万个数字人民币红包，每份红包金额 200 元。中签者可在王府井指定商户和京东商城"数字王府井冰雪购物节"活动专区无门槛消费。

（1）如何预约"数字人民币红包"？

在预约登记上与之前的数字货币试点并无不同，都是以手机系统 GPS 定位来确定预约登记人员在京。预约人员可以登录微信小程序"魅力王府井"查看活动介绍，使用京东 App（含京东 App 和京喜 App）进行预约报名。

（2）如何使用"数字人民币红包"？

此次试点与苏州数字货币试点相似，如参与的商业银行是 6 个，可以进行"线上 + 线下"消费。具体的消费场景：①线上消费是在京东 App、京喜 App 上进行购物消费，仍是在特定专区购买自营商品；②线下消费是在北京市东城区王府井地区指定的活动商户进行购物消费，具体在王府井商圈的商场、酒店、书店等处使用。值得关注的是，在北京试点中，充分测试了数字人民币的"硬钱包"，如可视卡、手表手环、充电宝、老年拐杖和老年警报器，只需要"碰一碰"即可支付。从中不难发现，在数字人民币试点中，对"硬钱包"的应用更为重视，也更加重视老年人等"数字弱势群体"使用数字人民币支付的权益。

在北京数字人民币试点中也有中签者绑定银行卡对数字人民币钱包进行充值，充分享受使用数字人民币支付的便捷性。而且数字人民币 App 在"推送子钱包"中还可授权滴滴出行、美团骑车等应用，会有更多的线上支付场景出现。

在北京试点中，数字人民币"硬钱包"的应用让人惊喜。据报道，数字人民币无源可视卡硬钱包、指纹卡硬钱包上可以叠加"健康宝"①功能。具体操作就是，使用者用邮政储蓄银行的数字人民币无源可视卡硬钱包在"健康宝"设备上一贴即可完成"健康宝"状态查询和登记，实现"一卡双应用"，使得未来数字人民币硬钱包可应用的场景更加广泛。无源可视卡就是数字人民币硬钱包的特点：具有大尺寸的墨水屏（可视区）和无需充电（无源）。这种类型的硬钱包适合老年人使用。至于数字人民币硬钱包在支付中如何使用，与上海的内部测试相似，只要"碰一碰"即可完成支付，墨水屏上显示交易金额和余额等信息。

对于年轻人或者儿童来说，数字人民币钱包的可穿戴设备可能更具吸引力。北京试点中测试了由中国银行和中国联通合作推出的多种可穿戴智能设备，如智能手套、智能手表、徽章等。其实可穿戴设备是数字人民币硬钱包的一种形式，都是在智能设备中嵌入数字人民币钱包的芯片，使用者"碰一碰"进行支付，在运动过程中或无网络等不方便使用手机的情况下使用。我国多地颁发了禁止中小学生携带手机进入校园的规定，但出于防止中小学生走丢等意外情形的发生，为中小学生提供可穿戴智能设备有一定必要性。融入数字人民币芯片的可穿戴设备既可防走丢，也可让父母了解到中小学生日常消费情况。

---

① "北京健康宝"是方便个人查询自身防疫健康状态的小程序，在京、进（返）京人员都可使用。

更让人惊喜的是，北京试点中实现了数字人民币的取现功能。在以往的试点中，只能从绑定的银行卡向数字人民币钱包充值，而此次试点还可以到 ATM 机上取现。此时，数字人民币与现金之间实现了双向兑换，也就是数字货币与纸币之间的双向兑换。

（五）上海数字货币试点

值得注意的是，目前上海只是在特定场景进行内部测试，与深圳和苏州试点不同。2021 年 1 月 5 日，在上海交通大学医学院附属同仁医院员工食堂，借助数字人民币"硬钱包"，实现点餐、消费、支付一站式体验。该数字人民币"硬钱包"就是上文提到的芯片式卡片，采用刷卡形式进行支付。在数字人民币"硬钱包"卡片右上角的水墨屏窗口中，可以看到消费金额、卡内余额和支付次数。此次数字货币试点相较于前几次有个本质不同，即**这是第一次脱离智能手机、采用"硬钱包"的方式来支付数字货币**，主要是为使用智能设备困难的人群提供一种可以使用数字货币支付的方式。数字货币作为公共产品，国家要提供条件满足不同群体对数字货币支付的需求。数字人民币将会在医院诊疗支付、体检检查、停车缴费等支付场景进行试点使用。①

下表对截至 2021 年农历新年已经发生的数字货币试点

① 《数字人民币在上海试点使用》，载《人民日报》客户端上海频道 2021 年 1 月 5 日。

情况进行梳理，方便读者观察每次试点的差异。当然，每次的不同意味着我国数字货币发展得更为成熟，也更让人期待。

表 4-2　我国数字货币试点情况一览表（截至 2021 年 2 月 17 日）

	时间	地区	数字人民币红包数量	数字人民币红包金额	支付渠道	支付方式
1	2020.10	深圳市罗湖区	5 万个	200 元	线下	"扫一扫"
2	2020.12	苏州市	10 万个	200 元	线上 +线下	"扫一扫" +"碰一碰"
3	2020.12	北京市丰台区一家咖啡店			线下	"扫一扫" +"碰一碰"
4	2021.1	深圳市福田区	10 万个	200 元	线上 +线下	"扫一扫" +"碰一碰"
5	2021.1	上海市一家医院			线下	"碰一碰"
6	2021.1	深圳市龙华区	10 万个	200 元	线上 +线下	"扫一扫" +"碰一碰"
7	2020.2	北京市	5 万个	200 元	线上 +线下	"扫一扫" +"碰一碰"

（六）我国数字货币试点应用的经验

1. 注重数字货币试点参与主体的多元性，而非参与主体的数量

从如上数字货币的地方试点工作来看，除了在深圳市罗湖区发放了 5 万个"数字人民币红包"外，其他试点地方都发放了 10 万个，每个"数字人民币红包"的金额一致。只从数字上就可清楚地明白，在不同地方进行数字货币试点，

并未增加"数字人民币红包"数量，也就是数字货币的试点并未将参与主体的数量作为重要参考依据，但仍保持相当的数量。

相反，在保证参与主体数量不变的情况下，不同的参与主体参与到数字货币的试点工作中。比如从深圳市罗湖区的线下消费到苏州市的线上与线下消费相结合，看似与当前已经存在的第三方支付并无差别，但对我国的数字货币而言，在试点过程中已经初显成效：参与的主体不只是已经完成数字人民币收付款设备改造的商户，也包括指定的互联网平台，这意味着参与主体已经涉及日常生活中的多个行业领域，数量充分的"数字人民币红包"持有人可以在多元主体参与的情况下直接感受数字人民币所带来的支付便利。

在2021年1月28日举办的世界经济论坛"达沃斯议程"在线对话会上，IMF前副总裁朱民就明确提出了数字货币试点扩大范围比增加规模更为重要："我们可以想象出上百个不同的场合，通过使用央行数字货币来提高效率、准确性和透明度，并改善公共政策的传递机制。这是关键所在"；"数字货币要做更多的测试，扩大范围而不是增加规模。让越来越多的场景、场合适用于各种用途，测试系统的可持续性、耐久性、准确性和效率。"的确，从当前地方数字人民币试点工作频频开展的实际情况来看，数字货币使用的场景正在逐渐涵盖我们的衣食住行。

不过如上说的数字货币试点都是公开测试的，在此之前多为封闭的内部测试，从封闭走向公开试点，一个重要的变化就是引入了公众参与，这也就意味着从中央银行发行数字货币到商业银行流通数字货币整个环节，因为消费者的参与而完整，数字货币作为流通中现金的替代或补充将在具体的日常支付中发挥功能。这个意义不可谓不重大，当前将数字货币定位于日常支付的数字现金，没有消费者参与测试的数字货币无法知晓其能否正常发挥功能。而且，消费者的参与，让我国数字货币从属的类型更加明确，即为零售型央行数字货币，主要用于日常支付，可以体现中央银行与公众之间因数字货币而产生的不同法律关系，如中央银行有对公民持有数字货币的安全保护义务，中央银行对用户交易行为的监管等。从这个角度来说，消费者作为数量最为广泛的数字货币试点参与主体，其地位和作用不容忽视。

比特币交易速度约为每秒 7 笔，显然是不能满足我国零售支付速度需求的。尤其是每年的网络购物平台的购物节消费，对线上支付的交易速度有着高要求，这是由参与支付的消费者数量之多、交易量之大决定的，究其本质是第三方支付平台处理交易的能力要与消费者的交易规模相匹配。数字货币用于日常支付，同样也要经受交易规模的考验。否则，数字货币作为支付工具的优势在支付宝、微信支付等第三方支付平台面前不值一提，将有违数字货币研发初衷。

故而，数字货币的测试不只是扩大范围，需要在越来越多的场景测试安全性、稳定性、准确性与效率，如果条件允许，还要增加规模，以检验数字货币在短时、大量交易时是否仍能保证安全、稳定、准确与效率。当然，在当前的数字货币试点中也在购物节中发放"数字人民币红包"，在一定程度上可以反映出用数字货币支付能否满足购物节交易速度的要求，但参与的消费者目前最多为 10 万，每人只有 200 元的"数字人民币红包"，显然与每年电商打造的购物节上的交易人数、交易频次和交易金额无法相比。

2. 消费者有更多的支付方式选择权，更具公平性

虽然在数字货币试点中，中签人员使用发放的"数字人民币红包"进行消费，但可想而知，在数字货币正式发行后，数字货币支付将与第三方支付等移动支付共同成为消费者支付的选择方式。用数字货币支付，在支付效果上与第三方支付无异，而且我国数字货币还可以离线支付，较第三方支付工具更具优势。数字人民币"硬钱包"也开始进行了内部测试，如北京测试的数字货币可穿戴设备支付，上海测试的数字货币芯片卡支付。

可以说，数字人民币"硬钱包"为"数字弱势群体"提供了使用数字货币支付的渠道，让金融创新成果数字货币由我国人民共享，更具公平性。可以说，数字货币将当前已有的支付方式——现金支付、第三方支付和银行卡支付集于一身，数字货币的离线支付可视为现金支付，数字货币的"扫一扫"可视为第三方支付，数字货币的"硬钱包"支付可视为银行卡支付。数字货币将当前的支付方式进行整合，又围绕数字货币重构支付生态。

三、我国数字货币的重要成果：数字人民币钱包

范一飞早就指出了数字钱包对于数字货币的重要性："如果只是普通数字配上数字钱包，还只是电子货币；如果是加密数字存储于数字钱包并运行在特定数字货币网络中，这才是纯数字货币。"[①]

从我国数字货币内部测试和公开试点来看，数字人民币钱包都在其中发挥着核心作用，只不过在具体的表现形式上有所差别。数字人民币钱包是公众与中央银行、商业银行、第三方支付平台和商户连接的渠道。有必要了解数字人民币钱包，当然，也可以直接简单地将数字人民币钱包理解为存放人民币的钱包，只不过里面存储的是数字货币，除了具有财产属性外，也因为实名认证而具有人身属性。

（一）数字人民币钱包的分类

数字人民币钱包，顾名思义，就是数字货币的携带方式，是数字货币存储的载体。数字人民币钱包将会成为数字经济时代人民币流通的载体，属于中央银行与商业银行等金融机构积极构建的金融基础设施的一部分。上文已对数字人民币钱包有所介绍，根据相关专利的表达可知，数字人民币钱包除了手机软件这种形式外，还有"芯片卡"。虽然通过

[①] 范一飞：《中国法定数字货币的理论依据和架构选择》，载《中国金融》2016年第17期。

相关专利可以了解数字人民币钱包的一些情况，但专利公开的时间与专利申请的时间已有差距，数字人民币钱包的研发又会有哪些进步或调整我们不得而知。更何况，未来正式推出的数字人民币钱包究竟是什么样的我们也无法预测。

数字人民币钱包就是专门存储数字人民币这一数字现金的软件或硬件空间，根据其安装和运行介质的不同，可分为"软钱包"和"硬钱包"两种。其中，上文频频提到的数字人民币试点应用中使用的数字人民币钱包 App 多为"软钱包"，也就是存储在智能设备上的一种电子空间；而"硬钱包"则通常以实物为载体，即将数字人民币存储在卡片等物理设备上。

1. 数字人民币"软钱包"

数字人民币的"软钱包"是安装在智能设备中的软件空间，具体表现形式就是 App。根据当前已经公开的关于数字人民币钱包的专利来看，数字人民币"软钱包"还可根据申请开通途径的不同，分为通过银行账户开通和通过钱包服务商开通。显而易见的是，当前试点中出现的数字人民币钱包大概可归于通过银行账户开通这一类，虽然在数字货币试点中，中签人在开立数字人民币钱包后不需要绑定银行账户，但仍给出商业银行进行选择来取出数字货币到数字人民币钱包中。作出此种设计所遵循的是法定货币的"中央银行——商业银行"二元运营模式，符合公众取款的习惯。至于通过钱包服务商开通的数字人民币"软钱包"，目前还未出现实例，但根据数字货币共建共享的研发原则，已有运营机构参与数字货币的研发，不排除有这种类型的"软钱包"。

根据使用者实名程度，可以开立的数字人民币钱包也不同。根据之前建设银行 App 数字人民币钱包内部测试的情况来看，在开通数字货币钱包时，需要提交姓名、身份账号和手机号三项信息，而是否绑定银行卡为一个勾选项，不绑定银行卡仍可使用，只不过会导致数字货币钱包限额下降和数字货币无法兑回到银行卡里。此时的数字人民币钱包属于三类数字人民币钱包，一般只能通过收款、转账和现金兑换的方式来获得数字人民币。而勾选绑定银行卡的数字货币钱包则为二类钱包。在如上数字人民币试点中，使用者不需要绑定银行账户即可使用数字人民币红包，即为三类数字人民币钱包。在 200 元数字人民币红包不够消费时，可以绑定银行进行充值。

2. 数字人民币"硬钱包"

数字人民币的"硬钱包"是存储在物理设备中的电子空间，依靠内置的芯片进行支付。苏州数字货币试点中使用的"双离线"支付，就是利用指定手机内置的芯片钱包，即数字人民币硬钱包完成了支付。上海数字货币的内部测试中使用的硬钱包就是安装了芯片的智能卡。此外，还可以利用安装了芯片的 SIM 卡作为数字人民币的"硬钱包"。数字人民币"硬钱包"的具体使用方式就是"碰一碰"，不需要依赖智能手机即可完成支付。根据移动支付网发布的《2020数字人民币发展研究报告》中指出"碰一碰"是数字人民币的一项收付款功能，其基于 NFC（近场通信）功能，实现终端与终端之间、终端与标签之间的信息交互，达到收付款目的。根据交互设备的不同可分为手机与 NFC 标签的"碰一碰"、手机与手机的"碰一碰"和手机与 POS 机的"碰一碰"。不过,这几种"碰一碰"支付方式不都属于"双离线"支付。

值得注意的是,"碰一碰"与双离线支付并不是等同的概念。简单区分就是,"碰一碰"是我们作为用户的一种技术体验,也就是如何使用,和"扫一扫"使用的感受差不多,甚至更为便捷;而"双离线"则是技术应用的效果,反映的是数据连接的方式。这也是上文提到的"碰一碰"并不都是双离线支付,双离线支付可以基于 NFC 技术,也可以使用二维码。在数字人民币硬钱包中,发挥作用的是芯片,而不论其具体表现形式是卡片、智能可穿戴设备等,对芯片的安全性、功能性等有着要求。

(二)数字人民币钱包的开通步骤

以通过银行账户开通数字人民币钱包为例:[①]

第一步,申请人在指定的商业银行用户访问系统中建立账号和密码,并向银行账户访问认证系统发送身份认证请求,这一步与当前开立银行账户大致相同。

第二步,该指定商业银行账户访问认证系统对申请人的身份进行认证,并向用户访问系统返回身份认证结果,这一步是实名认证。

第三步,申请人通过身份认证后,该指定商业银行用户

---

① 参考"01 区块链":《数字人民币钱包十问(一):数字申请开通钱包如何实现?》。

访问系统将申请人带有数字签名的开通数字人民币钱包的申请信息发送至商业银行账户数字人民币系统。

第四步，商业银行账户数字人民币系统验证申请人的数字签名，验证通过后会为申请人开立数字人民币钱包并分配证书，在钱包标识和证书中都添加开通账户银行申请人的数字签名，再将其发送至中央银行的数字货币系统。

第五步，中央银行数字货币系统会验证开通账户银行发来的数字签名，验证通过后即进行保存，这一步是将申请人的实名认证信息在中央银行进行登记。

第六步，中央银行数字货币系统将带有中央银行数字签名的登记成功的信息发回开通账户银行的数字货币系统。

第七步，开通账户银行的数字货币系统在接收到上述成功信息后再验证中央银行的数字签名，验证通过后再向本行的账户核心系统发送绑定数字人民币钱包的请求信息。

第八步，本行的账户核心系统绑定申请人的银行账户与数字人民币钱包。

第九步，本行数字货币系统判断数字人民币钱包访问认证模式的类型，是支持银行账户访问和（或）钱包独立访问。

第十步，本行钱包认证系统保存申请人的请求信息，并管理申请人的证书和私钥，设定用户访问认证机制。

第十一步，本行的数字货币系统向用户访问系统返回申请成功的信息。

第十二步，本行的用户访问系统向申请人发送申请数字人民币钱包成功的信息。此时，申请人的身份发生转变，成为该指定商业银行数字人民币钱包的用户。

（三）数字人民币钱包的实践

目前参与数字货币研发的六个商业银行都有自己的数字人民币钱包 App，除了支持本行的银行卡外，也支持其他商业银行的银行卡业务。中国农业银行青岛分行已开始在内部推广数字人民币钱包。在白名单内的用户可以通过登录最新版本的农业银行 App 找到"数字人民币"入口，但一般用户点击后会显示"不在白名单内，无权限访问"。如果未找到这一功能，可以拿身份证在农业银行网点登记，也可以通过电话实名预约这项业务。[①]

（四）与数字人民币钱包相关的其他成果

1. 中国人民银行数字货币研究所申请的数字货币专利技术

根据已公开的专利申请情况来看，中国人民银行数字货币研究所已经申请了大量的关于数字货币的专利技术。如下将介绍几项与我们生活密切相关的专利技术。

一是关于数字货币定向使用的方法和装置。当前我们在进行日常支付时通常包括线下面对面的支付和线上第三方支付两种方式，数字货币作为现金的替代或补充，也可以参照当前的支付方式，将交易中是否存在第三方分为直接支付和

---

① 《数字人民币将成银行竞争的下一赛道？这家大行一分行已开始推广数字人民币钱包》，载《每日经济新闻》2021 年 1 月 30 日。

间接支付。直接方式就是相当于现金的面对面支付，支持"双离线支付"，待联网后再将信息同步至中央银行的数字货币登记中心；而间接方式就是付款方将数字货币先交给第三方，约定在一定条件实现后才能由第三方支付给收款方。

二是关于向数字货币芯片卡存入数字货币的方法和系统。数字货币芯片卡其实是数字货币钱包的一种形式。这种数字货币芯片卡是基于实体的芯片卡设立的电子钱包，可以用这种数字货币芯片卡在 ATM 机进行存取货币。个人申请数字货币芯片卡是实名制的，由商业银行对个人资质进行审核，审核通过后在芯片卡上写入个人信息，然后个人可以领取数字货币芯片卡。这种数字货币芯片卡就是我们上文提到的数字货币"硬钱包"。

三是关于一种用数字货币兑换存款的方法和系统。这与个人在商业银行开设数字货币钱包有关，个人通过统一的央行数字货币钱包入口登录不同商业银行开设的钱包进行操作。如果个人有银行账户，可以直接将商业银行的活期存款兑换成数字货币；如果没有银行账户，可以通过转账或收款的方式获得数字货币。涉及银行账户，需要进行存款兑换的，要根据商业银行是数字货币发行代理行还是参与行而有所区别：参与行系统将使用数字货币兑换存款的报文发送给代理行系统，以及将数字货币付款给代理行的报文发送给数字货币系统；数字货币系统根据所述完成数字货币付款给代理行的报文执行项目操作，并将操作成功的结果返回给参与行系统和代理行系统；代理行系统接收到数字货币系统操作成功的结果后，所述参与行在该代理行的同业账户存款余额中增加与接收到的数字货币金额相等的额度，以及将兑换成功的结果返回给参与行系统。

四是关于数字货币定制追踪的方法和系统。这就是数字货币可追踪性的体现。中央银行通过授权的方式将扶贫等特定资金流向的追踪功能开放给扶贫主管部门。具体流程为：上级民政部门开通数字货币追踪功能，数字货币系统即对该数字货币标记为可追踪；后续收到数字货币的主体，例如下级民政部门，对有追踪标记的数字货币可进行追踪授权；当数字货币的所有者在支付时关闭追踪标记，此追踪链断裂，以保证后续交易的隐私。

2. 科技巨头所申请的数字货币专利技术

从当前已经公开的与数字货币有关的专利技术来看，我国科技巨头围绕已有的产业布局进行数字货币相关的专利研发，既是对国家数字货币研发的支持，也是为自己在未来与数字货币有关的商业活动中保持优势地位或者打开新的市场。

2020年伊始，支付宝共公开了五项与数字货币有关的专利，分别为《数字货币交易的执行方法及装置和电子设备》《基于数字货币的交易处理方法及装置和电子设备》《一种基于数字货币的匿名交易方法和系统》《一种数字货币账户控制方法及装置》《数字货币钱包开通的方法及装置和电子设备》。

近期，抖音推动了支付功能，而字节跳动旗下的北京字跳网络技术有限公司于 2021 年 1 月公开了一项申请日为 2020 年 10 月 14 日的专利，名称为"数字货币钱包的生成方法、数字货币支付方法、装置和电子设备"。根据数字支付方式专利摘要显示，该方法的第一步是响应接收到用户发出的用于生成数字货币钱包的生成指令，获取用于创建数字货币钱包的用户信息；第二步将根据预设密钥生成方法生成的密钥对中的公钥和用户信息发送给数字货币钱包服务商对应的第一服务端，以使第一服务端基于公钥和用户信息向数字货币发行登记机构对应的第二服务端执行注册数字货币钱包的注册操作；第三步根据接收到的第一服务端基于注册操作发送的用于创建数字货币钱包的创建信息，创建数字货币钱包。该数字货币支付可以改善用户体验。

腾讯于 2020 年 4 月 24 日公开了"一种数据转移处理方法、装置和计算机可读存储介质"的专利。腾讯设计"单离线"交易和"双离线"交易两种模式以提高因网络环境不好而影响数字资产交易的成功率。此处的数字资产可以认为是数字货币。具体而言，首先要对数字资产进行"圈存"，相当于对资产进行身份认证。"圈存"数字资产载体包括四个组成部分：ID（标识）、面值、机构编号、机构签名。"圈存"后的数字资产即可进行交易。

四、我们对数字货币的可能担忧

毋庸置疑且让我们能够为之感到鼓舞的是，我国的数字货币研发在国际上处于领先地位，自 2020 年 10 月深圳市罗湖区打响了数字人民币试点的"第一枪"后，我国数字货币的试点已经在我国大地上不断"开花"。尤其自 2021 年以来，我国多地都宣布进行数字货币的试点活动，关于数字货币更多的功能也不断被公开。从这个角度看，我国数字货币的研发是稳扎稳打，谨慎试点，吸引公众关注。但我们仍然对这个充满浓郁技术色彩的新生事物充满了疑惑与担忧。

充满技术色彩不应该是数字货币的弊病，因为技术是中性的概念，如何应用、产生何种效果才是我们应该关注的。数字货币的技术属性我们不容忽视，但我们不能被技术性遮住眼睛，而忽视了数字货币的本质应是作为我国法定货币而存在。这就意味着即便是发行数字货币，仍要关注发行现金时存在的问题，数字货币所具有的技术特点可能会解决或部分解决发行现金时存在的问题，当然，也可能因为技术特点而产生新的问题。

（一）首要问题：数字货币的发行是否于法有据

数字货币作为现金的替代或补充是我国研发数字货币始终坚定的定位，借鉴私人数字货币技术特点并结合我国法定货币的特点而研发我国的数字货币。无论国家出于何种战略目标来研发数字货币，于我们普通老百姓而言，数字货币能否在我们日常支付中发挥作用，能否有效成为现金的替代或补充才是我们所关注的关键所在。当然，我们都清楚地明白：**数字货币只有被我们广泛地认可与接受，并能像现金一样保持匿名，像支付宝、微信支付等一样支付便捷，流通成本更为低廉，经受住市场的检验，才能是发行成功的数字货币**。**这个时候我们才能说数字货币做到了替代或补充现金的流通**。我国数字货币试点虽然正在如火如荼地进行，但不可否认的是，数字人民币的受众范围仍然有限，数字人民币多以"数字人民币红包"的形式发放，并不能反映出公众对数字人民币主动使用的需求。

正如上文提到的那样，用户可以不开立银行账户就能获取数字货币，并将其存储在私钥完全由自己掌控的数字人民币钱包中。但仔细分析，其中隐藏多个问题。数字人民币钱包能够"装"多少数字货币是有限额的，是由用户本人实名等信息来决定的，这就表明用户想要获得更高数额的数字货币，仍需在银行柜台进行实名认证。虽然这个设计是为了满足数字货币使用的安全性以及方便监管机构对与货币相关行为监管监控，但本质上与当前的法定货币和存款货币的理念并无过大差异。

数字货币钱包是有限额的，并非是无限空间，那么，用户在存储法定数字货币时，还是要依托银行账户。当然，我国当前法定数字货币的设计是为了维持既有货币制度的稳定性、保护商业银行等金融机构的权益，而设计出的一种折中性的方案。研发的数字货币只是现金的替代或补充，而不是完全替换。

从时间上来看，中国人民银行于 2020 年 10 月 23 日发布《中国人民银行法（修订草案征求意见稿）》，将人民币包括实物形式和数字形式写入其中，让发行数字货币"于法有据"。截至目前，《中华人民共和国中国人民银行法》的修订草案尚未正式通过，这也就意味着我国发行数字货币并未有直接的法律依据，数字货币目前也只能在试点内小范围应用，并不能在我国境内流通使用。故而，严格意义上来说，从目前来看，数字货币虽定位于流通中现金的替代或补充，但更多的是充当"消费券"的角色，与数字现金的定位仍有差距。

自 2016 年我国发表的第一篇关于发行央行数字货币的法律问题的论文 ① 开始，发行数字货币缺少法律依据成了研究发行数字货币存在法律问题中不容忽视的部分。诚然，关于人民币有纸币和硬币两种形式被规定在《人民币管理条例》中，从这个角度看，人民币的形式是物理的，至于数字货币的形式并没有规定。《中国人民银行法》只在第 15 条规定了我国的法定货币是人民币，并没有明确规定人民币的形式。不过，在 2004 年《中国人民银行法》施行时，并不存在数字货币这一类型的货币，也难以预测数字货币的发行。与《中国人民银行法》配套实施的《人民币管理条例》的规定结合来看，似乎难以解释数字货币是人民币的一种形式。

当前与人民币相关的法律规范都是建立在人民币是纸币

---

① 刘向民：《央行发行数字货币的法律问题》，载《中国金融》2016 年第17 期。

和硬币的基础之上，如《反洗钱法》，刑法中关于货币罪名的规定、民法中关于货币的规定等。在发行数字货币后，如上法律法规的相关内容都要作出适应数字货币形式的修改，这必将是一项浩大而又繁琐的工程。当然，从约束国家权力的角度来说，发行货币是国家一项重要的权力，需要明确授权特定的国家机构行使。从《中国人民银行法》的规定来看，货币发行权授予中国人民银行来行使。中国人民银行作为中央银行在职权范围内发行法定货币，在我国法定货币就是人民币。

数字货币是以人民币的数字形式的定位进行研发的，"中国人民银行发行新版人民币，应当将发行时间、面额、图案、式样、规格予以公告"。从这个角度看，中国人民银行发行数字人民币仍在其法律规定的职权范围内。问题的关注重点不是中国人民银行的货币发行权，而是人民币的形式和范围。不过，从《中国人民银行法（修订草案征求意见稿）》对《中国人民银行法》修订的内容来看，以法律条文中明确规定数字货币是人民币的形式来明确数字货币的法定货币地位。关于数字货币的规定，可以从下表《中国人民银行法（修订草案征求意见稿）》与《中国人民银行法》相应条文的对比直接体现，《中国人民银行法（修订草案征求意见稿）》修改的部分已经使用**_加粗斜体_**字体显示，以供读者查阅。

表 4-3 《中国人民银行法（修订草案征求意见稿）》与《中国人民银行法》内容对比表（关于规定数字货币的部分）

《中国人民银行法》（1995 年 3 月 18 日通过）	《中国人民银行法（修订草案征求意见稿）》（2020 年 10 月 23 日发布）
第十五条 中华人民共和国的法定货币是人民币。以人民币支付中华人民共和国境内的一切公共的和私人的债务，任何单位和个人不得拒收。	第十八条 中华人民共和国的法定货币是人民币。以人民币支付中华人民共和国境内的一切公共的和私人的债务，任何单位和个人不得拒收。
第十六条 人民币的单位为元，人民币辅币单位为角、分。	第十九条 人民币的单位为元，人民币辅币单位为角、分。***人民币包括实物形式和数字形式。***
第十七条 人民币由中国人民银行统一印刷、发行。 中国人民银行发行新版人民币，应当将发行时间、面额、图案、式样、规格予以公告。	第二十条 人民币由中国人民银行统一***制作***、发行。 中国人民银行发行新版人民币，应当将发行时间、面额、图案、式样、规格等予以公告。
第十八条 禁止伪造、变造人民币。禁止出售、购买伪造、变造的人民币。 禁止运输、持有、使用伪造、变造的人民币。禁止故意毁损人民币。禁止在宣传品、出版物或者其他商品上非法使用人民币图样。	第二十一条 禁止伪造、变造人民币。禁止出售、购买伪造、变造的人民币。禁止运输、持有、使用伪造、变造的人民币。禁止故意毁损人民币。***禁止制作、仿制、买卖人民币图样。***禁止在宣传品、出版物或者其他商品上非法使用人民币图样。
第十九条 任何单位和个人不得印制、发售代币票券，以代替人民币在市场上流通。	第二十二条 任何单位和个人不得***制作***、发售代币票券***和数字代币***，以代替人民币在市场上流通。
第二十条 残缺、污损的人民币，按照中国人民银行的规定兑换，并由中国人民银行负责收回、销毁。	第二十三条 残缺、污损***等不宜流通***的人民币，按照中国人民银行的规定兑换、收回、销毁。 ***特定版别的人民币停止流通，应当报国务院批准，并由中国人民银行公告。***

（续表）

《中国人民银行法》 （1995 年 3 月 18 日通过）	《中国人民银行法（修订草案征求意见稿）》（2020 年 10 月 23 日发布）
第二十一条　中国人民银行设立人民币发行库，在其分支机构设立分支库。 分支库调拨人民币发行基金，应当按照上级库的调拨命令办理。任何单位和个人不得违反规定，动用发行基金。	第二十四条（发行库和发行基金管理）　中国人民银行设立人民币发行库，*根据需要可设立代理人民币发行库或对发行基金进行托管*。下级发行库调拨人民币发行基金，应当按照上级发行库的调拨命令办理。任何单位和个人不得违反规定，动用发行基金。

（二）关键问题：中央银行是否会不当监控个人信息

在研发数字货币时，个人信息保护是重要考量因素，所以设计了"前台自愿，后台实名"的"选择匿名制"，即"可控匿名"，让用户自行决定是否授权他人使用个人信息以及使用多少个人信息。不过，还有个设计同样值得注意，即中央银行的大数据分析中心尤为强调对用户行为分析来保障交易安全、规避风险。姚前也曾指出大数据分析中心只在宏观上对数字货币进行大数据分析，而不在微观上侵犯合法用户的隐私。[1]

穆长春在 2021 年中国发展高层论坛上再次对数字人民币的"可控匿名"进行了解读："可控匿名"作为数字人民币的一个重要特征，一方面体现了其 M0（流通中的现金）的定位，保障公众合理的匿名交易和个人信息保护的需求；另一方面，也是防控和打击洗钱、恐怖融资、逃税等违法犯

---

[1] 姚前：《中国法定数字货币原型构想》，载《中国金融》2016 年第 17 期。

罪行为，维护金融安全的客观需要。这是通过锁定身份信息来实现的。锁定我们真实身份的并不是中央银行的大数据分析中心，而是该中心将大数据分析的证据提交给国家有关机关，由其依法调取用户的身份信息。可以认为，这是国家机关之间各司其职的表现。

在数字货币生态环境中，与公民相关的身份信息、财产信息、交易信息等信息全部数字化。于中央银行而言，数字化的信息让中央银行可以实时拥有完整的数字货币流通过程中的各种数据，可以根据市场上对数字货币的需求量而在一定程度上实现货币供应量的精准调控。而且，中央银行作为监管部门，可以实时监测用户使用数字货币进行交易的数据，并在显示异常时追踪定位到具体的用户上。从大数据分析这一层面来看，每个用户的各项信息不过是构成了大数据分析的"分母"，并不会对特定的公民信息产生不当影响。

根据穆长春所言，"匿名就是要满足**合理的**匿名支付和隐私保护的需求"，"数字人民币对用户隐私的保护，在现行支付工具中是等级最高的"。注意此处的两个背景：一是将数字人民币支付与银行卡、支付宝和微信支付等进行比较，后者采用的是实名制，这样一对比，使用数字人民币支付的匿名性最高；二是数字人民币钱包是分级分类设计，对使用者而言实名程度最低的就是匿名钱包，只用手机号就可开立数字人民币钱包，与此相对应的就是有限的日交易额和余额设置。

但是，在数字货币发行的背景下进行"客户行为分析"，将分析的目光从"分母"转向具体的"分子"。即便该分析有为了监控是否有洗钱等违法行为发生的需要，但是，一旦国家或商业机构变成了最了解你人身信息和财产信息的"人"，不免让人心生惶恐。人民网曾提到穆长春谈数字货币是如何保证反洗钱、反逃税、反恐怖融资时的看法："虽然普通的交易是匿名的，但是如果我们用大数据识别出一些行为特征的时候，还是可以锁定这个人真实身份的。"① 不过，穆长春也表示，中央银行并不会通过电信运营商查手机号从而确定我们的真实身份，因为根据法律规定，参与数字人民币研发的电信运营商不得将手机客户信息披露给包括中央银行在内的第三方，也不可向自己内部运营数字人民币的部门提供相关信息。所以，使用手机号开通的数字人民币钱包，对中央银行和运营机构来说是匿名的。

而且，数字人民币 App 中的"推送子钱包"，也是保护我们隐私的"贴心"设计。举个简单的例子，当前我们通过支付宝或者微信支付授权其他电商平台支付时，相当于把我们的信息又告诉这些电商平台，直接的后果就是越来越多的电商平台知道我们的个人信息，甚至，我们在一些互联网平台上浏览的信息，被该互联网平台卖给付费客户，该付费客户就可获得至少包括我们手机号码在内的个人信息。我们的个人信息就这样被自己授权的互联网平台卖了！而使用数字人民币支付时，数字人民币系统将我们的支付信息进行加密

① 《"数字人民币"由虚入实》，来源：人民网 2019 年 9 月 26 日。

处理，用"子钱包"的方式推送到其他电商平台，电商平台无法获得我们个人信息，这样可以有效防止我们的个人信息被泄露和买卖。

此外，我们的个人信息在数字货币系统中并非绝对安全。假设下列情形会出现，第一种情形：发行数字货币可能采取分布式账本技术，虽然可以完整记录货币流转信息，但是也可能助力"黑客"窃取数字货币及相关信息。虽然央行发行数字货币必然采取审慎态度，保护数字货币系统的安全性，但是分布式账本技术让"黑客"能够利用分布式网络中各个节点的计算机算力，这样积少成多地累加算力可能会产生不利后果。这已在私人数字货币领域发生：在网页或软件中设置恶意程序，一旦被激发，个人的计算机算力将在不知不觉中被他人用来"挖"数字货币。第二种情形："黑客"直接攻击数字货币系统或者数字人民币钱包，虽然难度极高，但并非不可能。如当前在瑞典已开启完全的电子支付模式，在人体皮下植入芯片，该芯片相当于电子钱包、门禁卡、信用卡等，只要挥手就可完成支付或验证。这相当于数字人民币硬钱包。一旦该芯片被"黑客"控制，用户丢失的就不只是钱了。这不得不让我们警惕数字人民币钱包的安全性。

故而，不妨可从如下方面作出努力来保护公民的个人信息：一是要妥善保管个人信息，既要避免个人信息的泄露，也要避免对个人信息的不当使用。对个人信息的保管不意味着国家相关机构可以利用对个人信息的掌握而更方便监控每个公民。二是区分个人数据和个人信息。个人在使用法定数字货币过程中必然会产生大量数据，但不是所有的数据都对公民有意义，这部分不涉及个人隐私的数据可用于监管部门大数据分析，但涉及公民隐私的数据则需要公民授权使用。而公民的个人信息是涉及个人隐私或者对个人有价值的数据，即便公民的个人信息于中央银行来说是实名制的，但这也只是身份信息，作为持有公民数字货币的身份证明。

当前，私人部门利用区块链技术实现对数据的保护，不失为可借鉴的一种思路：（1）利用区块链的分布式账本技术，对个人交易产生的数据仅做功能性处理而不存储，有效避免违法收集、使用个人数据行为的发生，即只做数据的"搬运工"；（2）利用区块链的经济激励模式，对个人数据的使用，经过智能合约的设定，可同步完成个人对数据使用的授权以及费用的收取，真正实现个人对数据的控制和收益。

（三）警惕风险：关于数字货币的违法犯罪行为已发生

即便是我国中央银行相关负责人在多个场合的公开讲话中强调我国并没有发行数字货币的时间表，数字人民币并非正式发行。但是从我国研发数字货币到频繁进行数字货币试点的过程中，以我国数字货币名义开始的诈骗活动已经悄然发生。

1. 数字货币尚未发行，假币却已经产生

从中国人民银行在2016年的数字货币研讨会上公开对数字货币的研究后，在官网上发布冒用中国人民银行名义发行或推广数字货币的风险提示也不断出现。在中国人民银行官网检索后，中国人民银行在 2017 年 6 月 15 日发布了《关于冒用人民银行名义发行或推广数字货币的风险提示》，指出："个别企业冒用我行名义，将相关数字产品冠以'中国人民银行授权发行'，或是谎称央行发行数字货币推广团队，企图欺骗公众，借机牟取暴利。我行尚未发行法定数字货币，也未授权任何机构和企业发行法定数字货币，无推广团队。目前市场上所谓'数字货币'均非法定数字货币。某些机构和企业推出的所谓'数字货币'以及所谓推广央行发行数字货币的行为可能涉及**传销和诈骗**，请广大公众提高风险意识，理性谨慎投资，防范利益受损。"该公告既提醒了我国数字货币假币的存在，也提醒公众私人数字货币投资的风险。从时间点上来看，该公告也是对我国私人数字货币市场风险的一种提示。

2019 年 11 月 13 日发布的《关于冒用人民银行名义发行或推广法定数字货币情况的公告》，指出："市场上交易'DC/EP'或'DCEP'均非法定数字货币，网传法定数字货币推出时间均为不准确信息；目前网传所谓法定数字货币发行，以及个别机构冒用人民银行名义推出'DC/EP'或'DCEP'在资产交易平台上进行交易的行为，可能涉及**诈骗和传销**，请广大公众提高风险意识，不偏信轻信，防范利益受损。"该公告发布的时间与我国公开数字货币的阶段性研究成果DC/EP有关，确定的数字货币名称让一些人看到了"有利可图"。

可以说，我国数字货币的发行将会有效避免假币的产生，因为每个数字货币都有央行发行的唯一数字编号（字符串），在特定的系统内进行流转，其发行、流通、回笼等环节都要经过登记，故而，我国数字货币的假币难以产生。不过，数字货币的数字特性恰恰也会为制造假币所利用。第一种情形，私人机构可以发行一种名称与央行发行的数字货币相似的数字货币，如在数字货币名称英文缩写加上后缀或小写英文名称等，让人误以为该数字货币与法定数字货币有关，这算是比较初级的数字假币的表现形式。第二种情形，私人直接发行名称与央行发行的数字货币相同的数字货币，正如上文提到的中国人民银行公告中所提出的那样，已有人打着法定数字货币的名义，发行了"DC/EP"或"DCEP"。在当前数字货币呼之欲出而又呼之未出的情况下，极容易产生这样的"假币"。

制造数字假币的成本、代价可能会更低，一是任何单位和个人都可在区块链公链上发行自己的数字货币，无需了解如何设计数字货币代码；二是公链是去中心化的，难以找到发行数字假币的主体。当前，我国禁止私人发行数字货币，所以私人发行"DC/EP"或"DCEP"的行为均违法。不过，这样的情形同样值得警醒，一方面要对以名称上类似于央行数字货币的私人发行数字货币进行打击，另一方面则是在发行数字货币时，要明确强调并宣传法定数字货币的名称和获得渠道，除此之外获得的名义上的法定数字货币均是假币。

2. 数字人民币钱包已有，数字人民币假钱包也不少

目前，数字人民币钱包主要是在数字货币试点中经过摇

号中签后，中签人根据短信提示下载并完成注册的。也就是说，使用数字人民币钱包的人是在数字货币试点或内部测试中被邀请体验的，目前并非人人都可在软件应用商店下载并使用公开软件。正是因为试点中数字人民币钱包的开通是通过短信提示完成的，让不法分子钻了空子，有机会实施诈骗。数字人民币钱包是存储我们货币的场所，关乎我们财产的安全。数字人民币假钱包的出现，可能会在操作过程中泄露我们的身份信息和银行卡等信息，从而威胁我们的财产安全。

当前，几大商业银行都研发了各自的数字人民币钱包，从各自的商业银行 App 上获得数字人民币钱包在一定程度上可避免假钱包的产生。但这些软件的链接和下载是无偿的，并能够在软件应用商店迅速获得，可能会为数字人民币钱包的安全带来威胁。除了通过法律法规对数字人民币钱包防伪进行规定外，在数字货币发行后，也要公开公众获得数字人民币钱包的渠道，向公众提示相关风险。

3. 离线支付的便捷与安全孰优孰重？

离线支付意味着不需要在有网络的环境下即可完成支付，这是数字货币支付相较于第三方支付的优势所在。熟悉第三方支付的公众应该知道，在使用微信支付或者支付宝支付时，至少需要一方在有网络的情况下才能让商家扫描付款码或者用户"扫一扫"商户的二维码才能完成支付。如果网络缓慢，商户未及时收到货款时还会让付款人等待或重新支付。数字货币的离线支付设计就是为了解决无网络或网络较差环境下的支付问题。比如数字货币的"碰一碰"收款，付款方手机与收款方手机彼此靠近，通过手机的"碰一碰"就能收付款。看似十分便捷，数字货币"碰一碰"支付功能的实现有赖于手机芯片间的彼此感应。问题就在于手机芯片上存储着数字人民币钱包，数字人民币钱包的安全直接与手机芯片的安全挂钩。在"碰一碰"的过程中，我们的个人信息是否会被一些别有用心的人收集？我们的财产会不会因别人利用芯片漏洞而遭受风险？这些都是我们需要进一步完善的重要问题。

第五章　数字货币的国际研发与合作

　　想象一下，几年后的一天我们在国外旅行。

　　在国外，和在当地生活或学习的朋友小聚一下，顺便了解一下当地美食、购物、景点的信息。你朋友友情提醒你："你可以去××外币兑换点去兑换点货币，这一家手续费比较公道，这可是我亲自跑了几家之后发现的，可以省很多钱呢！"见你在思考，又转而告诉你一个好消息："对了，有些店家也支持微信支付或者支付宝呢，你不用自己兑换外币直接就能支付，现在也是很方便的，不过手续费还是要花的。"

　　你听了朋友的善意提醒后，哈哈大笑起来，告诉他："我们国家发行了数字货币，与很多国家都签订了货币协议，我不用去外币兑换点兑换外币，在很多商家直接用数字人民币钱包支付，也不用支付多少手续费，又划算又方便！你看看你在国外太久都不知道现在这么方便了吧。来，我教你怎么注册使用数字人民币钱包，很容易的。以后家里给你生活费或者你把钱汇回国内，都可以直接使用，十分方便。"

之后，你直接通过安装在手机内的数字人民币钱包，在接受数字人民币支付的商家"扫一扫""碰一碰"之后品尝了特色美食、乘坐了公共交通、游玩了著名景点，不禁感叹：数字货币让国家之间联系更为紧密，对我们老百姓而言是真方便啊！

虽然我国数字货币研发走在世界前列，但我们并不能因此而沾沾自喜、固步自封。了解国外数字货币研发情况，可以起到"他山之石，可以攻玉"的效果。数字货币研发成为国际势不可挡的趋势后，重构适应数字经济的数字货币秩序与规则同样为各国所关注。现在已经过了要不要发行数字货币的阶段，进入何时发行数字货币的新阶段。当前各国的数字货币研发都处于高效率、高产出阶段，国际上数字货币的变化可谓是日新月异、目不暇接。故而，在本章介绍数字货币的国际发展时，会关注当前国际上对央行数字货币研发已经初有成果的国际组织和国家，同时也会对私人数字货币的发展略作介绍，因为在一些国家中私人数字货币具有合法地位，全球新冠肺炎疫情为私人数字货币的发展创造了特殊历史条件。

一、国际央行数字货币的分类

从 2017 年国际清算银行发布央行数字货币的报告开始，央行数字货币的概念已经逐渐被更多的人了解，国家的央行数字货币研发也愈加活跃。事实上，央行数字货币概念的出现就已经表明央行数字货币在本质上不同于私人数字货币。央行数字货币是以国家信用为基础、由国家强制力保障发行流通的数字货币。这是央行数字货币与私人数字货币最大的分水岭。那么，从央行数字货币发行主体的角度出发，根据发行对象的不同将央行数字货币分为面向公众发行的央行数字货币和面向金融机构发行的央行数字货币。

（一）央行视角下的分类

根据国际清算组织关于央行数字货币的一系列报告不难发现，其将央行数字货币按照使用场景的不同作出了零售型央行数字货币和批发型央行数字货币的分类。零售型央行数字货币主要用于为公众提供日常支付工具，作为流通中现金的补充；而批发型数字货币主要是为金融机构提供便捷、安全的交易清算工具，主要用于大额交易。亦即，对央行数字货币作出零售型与批发型之分是因为用途不同、使用对象不同。本书在如上对央行数字货币分类的基础上，采取更为直观的方式对央行数字货币进行分类，即从央行数字货币发行主体的视角出发进行分类。那么，就可以将央行数字货币分为面向公众发行的央行数字货币和面向金融机构发行的央行数字货币。

1. 面向公众发行的央行数字货币

面向公众发行的央行数字货币，是指中央银行直接面向公众发行的用于日常支付的数字货币。这也就意味着面向公众发行的央行数字货币反映的是中央银行与公众之间围绕央行数字货币而产生特定的法律关系。这种类型的央行数字货币已有国家发行，如厄瓜多尔、委内瑞拉等。因为是中央银行直接面向公众发行数字货币，说明中央银行具有直接调控货币市场、对金融风险有着较强的管控能力。该类型央行数字货币具有如下特点：

一是中央银行直接面向公众发行，与"中央银行——商业银行"的二元运营体系相比，是一元发行流通体系。发行这种类型的数字货币有一个最大的好处就是中央银行能够全面了解市场上数字货币的流通情况，可以根据市场上公众对数字货币的需求而直接调节数字货币的发行量；并且中央银行可以直接通过数字货币传达国家的货币政策，有利于实现国家的宏观调控。采用这种模式发行央行数字货币其实对国家人口、经济等有要求，一般不适合人口过多、经济体量过大的国家。

二是中央银行发行的数字货币为零售型央行数字货币，也就是指能够替代或补充现金流通使用，便于公众日常支付，为公众提供有信用的、安全的、便捷的、高效的支付工具。显然，面向公众发行的央行数字货币将直接对公民生活产生影响。

三是该类型的央行数字货币可以直接基于区块链技术发行，如委内瑞拉于 2018 年发行的数字货币，私人数字货币所依托的区块链技术直接成为个别国家较早发行数字货币的技术基础。当然，虽可利用区块链技术，但也要承受因早期区块链技术发展还不够成熟可能带来的系统安全、交易效率较低等方面的问题。

2. 面向金融机构发行的央行数字货币

面向金融机构发行的央行数字货币，是指中央银行直接向金融机构发行数字货币。根据金融机构是否将数字货币兑换给公众进行流通，可进一步划分为面向金融机构发行的批发型央行数字货币和面向金融机构发行的零售型央行数字货币。根据当前我国数字货币的试点和应用情况来看，我国采用的是面向金融机构发行的零售型央行数字货币，即采用"中央银行——商业银行"二元运营模式发行零售型央行数字货币，用于公众的日常支付需求。该类型的央行数字货币的特点如下：

一是中央银行面向金融机构发行数字货币，属于二元发行流通体系。采用这种模式来发行央行数字货币的内在考量就在于通过引入新技术对当前已有的货币系统改良，旨在提高效率的同时确保安全性。具体而言，采用二元运营模式发行数字货币可以在已有的运营模式基础上进行改良，可以减少发行数字货币的阻力，也可利用金融机构来分散发行数字货币的风险，以提高央行数字货币的安全性；与此同时，这样的二元运营模式为私人机构参与央行数字货币的发行流通提供了机会，可以在进一步分散金融风险的同时，充分将私人机构的创新成果转化为央行数字货币发行流通的动力。

二是中央银行发行的数字货币可以是批发型数字货币，即中央银行直接向金融机构发行的主要用于大额清算的数字货币；还可以是零售型数字货币，即公众可用于日常支付的数字货币。

综上所述，面向公众发行的央行数字货币属于零售型央行数字货币的直接发行模式。而面向金融机构发行的央行数字货币，再经由商业银行等金融机构向公众兑换流通的数字货币属于零售型央行数字货币的间接发行模式；不再面向公众兑换的用于大额清算的数字货币为批发型央行数字货币。上文已经介绍，当前研究零售型央行数字货币的中央银行相对较多，也有同时研发零售型央行数字货币和批发型央行数字货币两种类型的。其实，发行何种类型的央行数字货币是由该经济体所要实现的目标决定的，如新加坡意欲通过央行数字货币巩固国际金融中心地位，注重吸引外国投资，故而当前试验的是批发型央行数字货币，以提高金融机构在大额交易的清算效率。

（二）向使用者视角发展

上述对央行数字货币的分类方法，虽然是从数字货币发行主体视角出发，但其中直接暗含的就是数字货币的使用主体分为两大类，一类是公众作为使用主体，一类是金融机构作为使用主体。两种视角对央行数字货币进行分类，本质相同，但侧重点却发生了改变，一个是强调央行数字货币的发行主体，强调的是从上而下的国家货币权力的行使。这种思想除了体现在"央行数字货币是由中央银行发行的数字货币"的概念表达上，也直接以国际上央行数字货币的相关研究成果体现。最直接且广具影响力的就是国际清算银行发布的报告《央行加密货币》（2017年），该报告首次提出了"货币之花"的概念模型；国际清算银行又发布了报告《央行数字货币》（2018年），该报告提出了"货币之花"修订版的概念模型，将零售型央行数字货币分为基于代币的和基于账户的两种属性。上文已介绍，故不再赘述。

另一个是强调发行央行数字货币所要服务的对象，强调的是从下而上对公共利益的保障。国际清算银行在《零售型央行数字货币的技术》中直接提出了以数字货币使用者为视角的央行数字货币设计——央行数字货币"金字塔"的概念模型，即从消费者的不同需求出发设计零售型央行数字货币。具体而言，在"金字塔"最底层是消费者对实时支付、点对点支付功能的基本需求，而与此相对的是央行数字货币如何设计架构和角色；目前已经研究到的顶层需求是跨境支付，对应央行数字货币的批发和零售类型。

以使用者的不同需求来设计央行数字货币，其实转变了中央银行研发数字货币的重点，也就是说技术的发展为央行

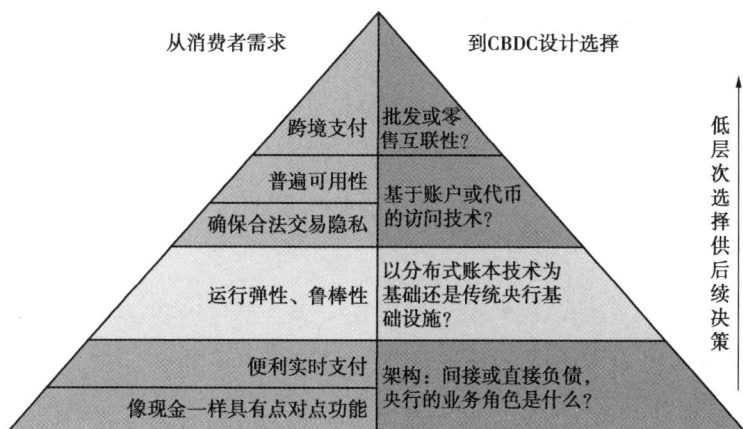

图 5-1　央行数字货币"金字塔"的概念模型

（图片来源：国际清算银行：《零售型央行数字货币的技术》）

数字货币的研发提供了更多的可能，正如私人数字货币不只具有支付功能而具有多种属性一样。**不是中央银行为社会提供什么样的数字货币，而是这个社会需要什么样的数字货币**。我们无论如何都不能忘记这样一个基本事实：货币的生命力取决于社会认可度。社会对货币的认可度可以是自发形成的，也可以是主权者依靠国家权力培养形成的。

数字货币的研发向使用者角度方向转变，实际上反映的是央行数字货币研究过程中对三种价值的重视：

其一是在数字货币背景下以使用者的便捷与安全作为央行数字货币研究的出发点，强调对使用者权益的保护，保护重点不局限于使用者的财产权，同时也关注使用者的隐私权。

其二是对私人机构的创新更为重视，引入私人机构参与不只可以分散风险、提高创新能力，也能利用私人机构已有的商业生态促进数字货币的流通使用。

其三是对中央银行法律地位的维护，向使用者提供更具有竞争力的数字货币作为支付工具或清结算工具，会让使用者主动选择央行数字货币，而非私人数字货币，从这个角度看，将维护中央银行和主权货币的权威。

无论是从发行者还是使用者的角度来看待央行数字货币的发展，更多的只是一个国内视角。而无论从央行数字货币自身的数字特性角度来看，还是各主权国家对央行数字货币的设计，已经向我们清晰描绘出一幅未来货币发展的国际地图：以是否直接使用区块链技术作为央行数字货币设计的底层技术是国际货币发展的第一个"分叉"，而在用途上是作为批发型还是零售型央行数字货币又会成为第二个"分叉"……不难看出，央行数字货币是复杂的，既不同于私人数字货币，也会因为主体视角的不同而呈现不同的发展特点，不同主权国家研究的重点更是不同。

（三）私人数字货币与央行数字货币可以并存

自 2020 年以来，以比特币为代表的私人数字货币价格涨幅之大，已经吸引了越来越多的国家关注。尤其是 2021 年年初特斯拉购买大量比特币后，将比特币的价格推向新的高度。最近关于比特币的每一个新闻都足以抓住人们的眼球，不否认其中有投机比特币的部分。但我们更加需要承认的是，正是因为在全球背景下，有些主权国家为了刺激新冠肺炎疫情影响下低迷的经济，而以多种直接的和间接的方式发行主权货币，加剧通货膨胀，造成全球性的货币贬值。于普通消费者而言，就是法定货币的购买力下降。相较之下，有着明确数量上限的、防止出现通货膨胀的比特币成为抵御全球货币贬值的支付工具和保值工具。在这样的背景下，片面地将比特币视为投机工具，未免有些管中窥豹了。

在国际社会对比特币、Diem 等私人数字货币愈加关注的情况下，积极采取行动来适应或面对私人数字货币所带来的机遇与挑战，未尝不是一种审时度势。从不同视角来看待同一事物，会得出不同的结论。纵观我国货币发展史乃至全球货币发展史，私人货币产生的时间往往早于官方货币，私人货币的创新也往往早于官方货币，但通常都会由官方货币吸收私人货币的创新优势，加以统一国家货币市场。自数字货币出现后，从目前发展阶段来看，官方数字货币还未正式出现，私人数字货币发展正为强劲。

私人数字货币不能代替法定货币在国内市场流通，就要将私人数字货币放置在其他的法律地位上。区分央行数字货币与私人数字货币是维护货币主权，是对不同法律地位的数字货币实施不同监管措施的前提。"数字货币是一种客观存在，在发展的过程中确有风险，但又不是一定会失控的'洪水猛兽'，大可不必'谈币色变'……可以说'谁掌握了货币发行权，谁就掌握了世界'。未来数字货币朝向私人数字货币（如 Libra）和法定数字货币两个方向发展。我国要在保持法定数字货币技术优势的基础上，为国际数字货币规则构建提出'中国思路'和'中国方案'，提升中国在国际金融市场中的话语权。同时，在 Libra 这样超主权稳定币势不可挡的时代背景下，'避而不谈'私人数字货币所'避'掉的不只是数字货币带来的技术创新，更是基于数字货币形成的'货币联盟'。"[①]

对于私人数字货币地位最新的较为权威的论述当属国际货币基金组织公开的《数字时代公共货币和私人货币可共存》一文。这篇文章对私人数字货币与央行数字货币的关系发表了明确的看法：央行数字货币与私人部门的数字货币可以共存和互补，如央行在设计上作出一些选择以及调整监管框架来实现。该文进一步提出，私人发行的货币只有在能够兑换成央行货币的情况下，才能成为一种高效的支付手段。央行与私人部门建立合作关系，如央行可以鼓励私人部门在其数字货币设计的基础上开展创新；一些央行可以允许其他形式的数字货币同时存在。不过，在数字时代，各国央行如何作出选择取决于各自的偏好、技术和监管效率。

二、国际央行数字货币的发展

从 2019 年到 2020 年，中央银行在研发央行数字货币上取得了较大的进展，具体如表 5-1 所示。

[①] 李晶：《"监管沙盒"视角下数字货币规制研究》，载《电子政务》2020 年第 11 期。

表 5-1　中央银行研发央行数字货币的进展（2019—2020 年）①

	2021 年的报告（2020 年的情况）	2020 年的报告（2019 年的情况）
回复调查的央行数量	65 个	66 个
代表人口占世界人口的比例	约 72%	约 75%
占全球经济产出的比例	约 91%	约 90%
中央银行属于发达经济体的数量	21 个	21 个
中央银行属于新兴市场和发展中经济体的数量	44 个	45 个
正在进行央行数字货币实验或概念验证的中央银行	约 60%	约 40%
正在进行发展和试点安排的中央银行	约 14%	约 10%

如上数据在一定程度上可以反映出全球央行数字货币蓬勃发展的现状，具体而言，不同国家研发央行数字货币的进程可参见表 5-2。

表 5-2　不同国家研究央行数字货币的进度

	代表国家	进展 / 成果
亚洲	日　本	加快零售型央行数字货币的研发进度。
	新加坡	2016 年 11 月，新加坡金融管理局与区块链联盟 R3 合作推出 Ubin 计划，探索分布式账本技术在数字货币领域的应用。 2019 年，新加坡金融管理局与加拿大银行进行了央行数字货币跨境支付试验。 以打造智慧金融中心为目标进行批发型数字货币研发。

---

① 此表根据国际清算银行发布的两篇调查报告《国际清算银行关于央行数字货币的调查结果》（2021 年 1 月）和《即将到来——央行数字货币调查的续篇》（2020 年 1 月）整理。

（续表）

	代表国家	进展 / 成果
亚洲	以色列	不建议近期发行央行数字货币。
	菲律宾	2020 年 7 月，菲律宾央行行长公开表示央行正在研究央行数字货币发行可行性。
	泰 国	2020 年 1 月，泰国央行与香港金融管理局公布数字货币研究的合作计划和研究报告。
欧洲	欧洲央行	欧洲央行认为具有法定地位的央行数字货币原则上可以保证所有用户都能获得廉价且方便的支付手段，2020 年 10 月发布的《数字欧元报告》明确了相关政策，2021 年可能启动数字欧元项目。
	俄罗斯	2019 年，短期内不会发行数字货币，但正在研究。2020 年 10 月，俄罗斯央行发布央行数字货币报告，央行数字货币将补充其他形式的货币。
	法 国	法国银行在 2021 年 1 月 19 日宣布，法国央行在 2020 年 12 月成功试点了一种央行数字货币，使用分布式账本技术。
	荷 兰	荷兰银行在 2016 年发布的年度报告中指出其在开发 DNBCoin 内部区块链原型。
	瑞 典	2017 年 9 月，瑞典央行推出 E-Krona 计划，探索央行数字货币在零售支付领域的可行性。2020 年，瑞典央行宣布要进行央行数字货币试点。2021 年 1 月，瑞典央行正在研究分布式账本技术，用于央行数字货币的概念验证。
	挪 威	2018 年 5 月，挪威央行工作文件指明央行正在考虑研发央行数字货币作为现金的补充。2019 年 5 月，挪威央行工作组发布央行数字货币报告。
	乌克兰	乌克兰央行的零售型数字货币测试认为，在中心化模型中使用分布式账本技术没有优势。
	立陶宛	2018 年，立陶宛启动 LBChain 项目用来研究区块链和数字货币。2019 年 12 月，立陶宛央行批准数字货币 LBCoin。

（续表）

	代表国家	进展／成果
欧洲	英　国	2015 年 3 月，英国央行宣布研发央行数字货币。 2020 年 3 月，英国央行发布央行数字货币报告。 目前尚未决定是否发行。
北美洲	美　国	美联储主席 Jerome Powell 在 2020 年 2 月表示：美联储正在研究央行数字货币，但尚未决定是否发行。 在美国众议院金融服务委员会 2020 年 6 月 17 日举行的听证会上强调：数字美元如果对美国经济和作为世界储备货币的美元有利，我们就必须付诸行动；不能因为错过一次技术变革，而错失美元数字化的机会，导致美元失去世界储备货币的地位。 在普林斯顿本德海姆金融中心 2021 年 1 月举办的在线问答中表示：美联储正在研究稳定币风险，现在不急于发行央行数字货币。
北美洲	加拿大	2016 年 6 月，加拿大银行与区块链联盟 R3 合作发起 Jasper 项目。
南美洲	厄瓜多尔	2014 年 12 月，推出电子货币系统。 2015 年 2 月，运营电子货币系统和推出厄瓜多尔币。 2018 年 3 月，政府宣告停止运行电子货币系统。
南美洲	委内瑞拉	2018 年 2 月，推出数字货币"石油币"。
南美洲	乌拉圭	2017 年 11 月，乌拉圭央行推出零售型数字货币的试点计划。
非洲	突尼斯	2015 年，突尼斯央行探索将区块链技术应用于其法定货币 Dinar，推出 E-Dinar。
非洲	塞内加尔	2016 年 12 月，塞内加尔央行发行基于区块链技术的数字货币 eCFA。

　　如下将以欧洲央行、英格兰银行和新加坡金融管理局对央行数字货币的研究为例。原因如下：首先，以中央银行详细公开的关于央行数字货币研究报告、工作论文和相关消息为基准，这是我们观察其央行数字货币研发进展的直接资料

来源。其次，这些经济体在人口或者经济体量上在全球范围内都占有一定地位，在央行数字货币研究中具有一定优势，有可能影响全球央行数字货币的研究方向。最后，对于我们来说，关于数字货币、央行数字货币我们知之甚少，可能有些人以为数字货币就是比特币，可能有些人完全就没听说过数字货币，如下几个央行数字货币的研究可以帮助我们了解央行数字货币，能让我们思考他们的研究与我国央行数字货币研究的异同点。

（一）英格兰银行：实践与理论研究并重

之所以首先介绍英国数字货币研究项目，是因为英国是国际上最早公开研究数字货币的国家之一。英国央行之所以对数字货币进行关注，主要出于对其国际金融地位的维护以及探索削弱美元在全球贸易货币体系中的主导地位。英格兰银行授权伦敦大学学院研究数字货币，于 2015 年提出了央行数字货币的概念，于 2016 年发布了由伦敦大学学院提出的模型 RSCoin，该模型采用区块链技术，使用比特币的数据结构 UTXO，放弃全网验证的工作量证明机制而采用部分节点验证以实现较好的扩展性。英格兰银行在《央行数字货币的宏观经济学》中指出央行数字货币是一种通过分布式账本实现的、与银行存款竞争的、具有普遍可及性和计息性的中央银行债务。中央银行允许对其资产负债表进行全天候、电子化、以本国货币计价和计息的访问。

英格兰银行在 2018 年宣布放弃 RSCoin 计划，但这并不意味着英国放弃了对央行数字货币的研究。英格兰银行在《央行数字货币：设计原则和资产负债表含义》报告中指出，如果引入央行数字货币遵循一套核心原则，银行资金不一定减少，向私营部门提供的信贷和流动性不需要收缩，银行存款向央行数字货币全系统挤兑的风险也得到了解决。其核心原则是：（1）央行数字货币支付可调整的利率；（2）央行数字货币和准备金是不同的，不能相互转换；（3）商业银行的银行存款不能保证按需兑换为中央银行存款；（4）中央银行仅针对合格证券（主要是政府证券）发行央行数字货币。最后两项原则意味着，家庭和企业可以在私人市场上自由地将银行存款与央行数字货币进行交易，而私人市场可以按照已公布的央行数字货币利率和合格证券自由地从中央银行获得额外的央行数字货币。

根据英格兰银行网站仍保持更新的"央行数字货币"的网页，首先提醒注意的就是，"央行数字货币将允许家庭和企业使用英格兰银行发行的货币直接进行电子支付。我们还没有决定是否引进央行数字货币。"继续介绍了央行数字货币与现金、电子货币相比所具有的优势，"银行以纸币的形式提供实物货币，家庭和企业可以使用这些货币进行支付。我们也提供电子货币，但这只能由银行和选定的金融机构使用。央行数字货币将使英格兰银行发行的电子货币面向所有家庭和企业。这将使每个人都能用央行的货币进行电子支付"；"如果推出央行数字货币，它将以英镑计价，就像纸币一样，因此央行数字货币的10英镑价值始终与10英镑纸

币相同。央行数字货币有时被认为等同于一张数字钞票，尽
管在某些方面它可能与银行存款有很多共同点。任何央行数
字货币都将与现金和银行存款并驾齐驱，而不是取而代之"。
从这个角度看，英国央行所设想的央行数字货币是与纸币、
电子支付都有所重合的数字货币，三者将并存。英格兰银行
用下图来表示三者关系。

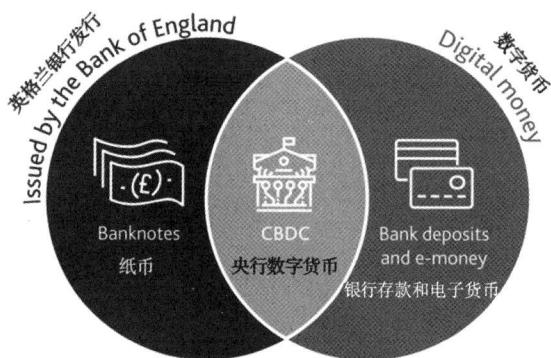

图 5-2 纸币、央行数字货币与银行存款、电子货币之间的关系

（图片来源：英格兰银行官网）

在英格兰银行这个介绍央行数字货币的网页中，用了相
当的篇幅介绍了央行数字货币与加密货币或加密资产存在**根
本性**的不同。加密资产将新的支付系统与非中央银行发行的
新货币结合起来。私人发行的数字货币包括比特币、以太币
和瑞波币，对此已经形成专门的报告，如《数字货币经济
学》和《支付技术的创新和数字货币的出现》。英格兰银行
金融政策委员会（Financial Policy Committee）在 2018
年 3 月 16 日公布的政策会议声明中指出，加密资产目前并
不会对英国的货币或金融稳定带来风险，但却会给投资者

带来风险。英格兰银行作为加密资产工资组（Cryptoasset Taskforce）的一分子，与英国财政局和金融行为管理局合作继续关注并对加密资产、稳定币和分布式账本技术作出回应。从英格兰银行对央行数字货币作出的介绍，以及对私人数字货币详细的研究评估，不难看出，英格兰银行既关注私人数字货币等创新技术的发展，也对本国货币和金融稳定持有信心，将继续关注央行数字货币的研发。

值得注意的是，英格兰银行在《中央银行数字货币的机遇、挑战与设计》（2020年3月）中介绍了英格兰银行设计央行数字货币的方法：

第一步，了解央行数字货币的机遇和挑战。

第二步，设定央行数字货币设计需要达到的总体目标：该总体目标应遵循世界银行的目标和授权，同时考虑其他公共政策目标，并将告知央行数字货币设计应遵循的设计原则：可靠和有弹性、快速和高效、开放创新和竞争。

第三步，设计央行数字货币。任何央行数字货币都有两个主要要素：（1）央行数字货币本身（即获得一种新的中央银行货币形式）和（2）央行数字货币基础设施，允许央行数字货币被转移和用于支付。设计时要考虑法令、功能设计和经济设计。

第四步，技术。给定央行数字货币的特定模型，评估哪种技术最能满足设计原则和功能需求是很重要的。

还必须考虑不同设计原则之间的技术权衡。这里所作的决定对央行数字货币的弹性、安全性、快速性、高效性、可扩展性、可用性和可扩展性有着特殊的影响。

从英格兰银行一系列的实践和理论研究可以看出，其正是沿着如上步骤来设计央行数字货币。

（二）欧洲央行："集民智"促研发

根据欧洲央行对数字欧元的介绍可知，数字欧元仍将是一种欧元：就像纸币一样，但却是数字的。它将是一种电子货币形式，由欧元体系（欧洲央行和各国央行）发行，所有公民和企业都可以使用。数字欧元不会取代现金，而是补充现金。欧元体系将继续确保在整个欧元区获得欧元现金。一个数字欧元将给你一个额外的选择，如何更容易支付，与现金一起促进金融包容性。数字欧元将保证欧元区的公民能够无成本地获得一种简单、普遍接受、安全和可信的支付手段。不难发现，数字欧元与我国央行数字货币的定位和功能没有明显差别。

欧洲央行在2020年10月2日发布的《关于数字欧元的报告》中将数字欧元定义为中央银行以数字形式提供的货币，供公民和企业用于零售支付。它将补充目前提供的现金和中央银行批发存款。数字欧元是欧洲中央银行提供的央行数字货币。该报告提出发行数字欧元的理由在于，数字欧元可以支持欧元体系的目标，在快速变化的数字世界中为公民提供一种安全的货币形式。报告中明确指出，在许多可能的情况下，数字欧元甚至可能必不可少。例如，如果现金的使用大幅下降，其他电子支付方式将因极端事件而无法使用，或者外国数字货币将在很大程度上取代现有的支付手段。在关于数字欧元的法律考量中，报告指出，欧元体系必须解决与数字欧元相关的一些重要法律问题，包括发行的法律基础、不同设计特征的法律含义等。欧洲中央银行提出下一步工作计划是要进行概念分析、实践实验和公众咨询。

该报告并没有对数字货币的创建、运行成本或成本回收等问题得出明确的结论，无论何种解决方案都要满足"稳健性、安全性、效率和隐私保护，同时遵守相关立法，包括关于洗钱和资助恐怖主义的立法"。同时，该报告也强调了中央银行对数字欧元的控制权以及私人机构的参与权，"尽管欧元体系将始终保持对数字欧元发行的控制权，但受监管的私人中介机构最适合提供辅助性、面向用户的服务，并在其核心后端功能上构建新的商业模式。因此，一种由私营部门作为中间人使用数字欧元的模式更为可取"。从中不难发现，数字欧元并不排斥私人机构的参与，希望利用私人机构的创新力量构建丰富的商业模式。

在介绍发行数字欧元的原因时，提到了可能的情景和隐含的要求。一是与央行核心职能相关的情景：（1）欧洲经济的数字化和独立性可以向公民提供央行货币的数字化形式而获益。在这种情形下数字欧元要满足提高数字效率的要求。数字欧元要始终与最先进的技术保持同步，这样可以在可用性、便利性、速度、成本效益和可编程性等方面最好地满足市场的需求；数字欧元应通过标准的可互操作的前端解决方案在整个欧元区提供，并应与私人支付解决方案互操作。（2）现金作为支付手段的作用显著下降。在这种情形下数字欧元要满足类似现金功能的要求。为了与现金的主要特征相匹配，为了应对现金接受度下降，数字欧元应该允许离线支付。此外，数字欧元应该易于弱势群体使用，免费供支付者基本使用，并应保护隐私。它应该有一个强大的欧洲品牌。（3）除了欧元计价的央行货币、商业银行存款或电子货币之外，一种货币形式在欧元区作为一种交换媒介和潜在价值储存的可靠替代。在这种情形下数字欧元要满足竞争特征的要求。数字欧元应该具有技术前沿的特征。它应该具备与外币或通过不受管制实体提供的支付解决方案一样具有吸引力的功能。（4）从货币政策的角度来看，如果在未来得出欧元体系的结论，发行数字欧元是必要的或有益的。在这种情形下数字欧元要满足货币政策选择的要求。如果将数字欧元视为改善货币政策传导的工具，应按照中央银行可随时间调整的利率支付报酬。（5）有必要降低网络事件、自然灾害、流行病或其他极端事件阻碍支付服务提供的可能性。在这种情形下数字欧元要满足备用系统的要求。为了提高支付系统的整体弹性，数字欧元应该广泛使用，并通过与其他支付服务分开的弹性渠道进行交易，这些渠道可以抵御极端事件。

二是与欧盟更广泛目标相关的情景：（1）作为欧元体系的一个目标，欧元的国际作用越来越重要。在这种情形下数字欧元要满足国际使用的要求。数字欧元应该在欧元区之外以一种与欧元体系目标一致且方便非欧元区居民的方式实现。（2）欧元体系决定积极支持改善货币和支付体系的总体成本和生态足迹。在这种情形下数字欧元要满足：①节省成本的要求：数字欧元的设计应该能够降低当前支付生态系统的成本；②环保的要求：数字欧元的设计应该建立在技术解决方案的基础上，使其生态足迹最小化，并改善当前支付生态系统的生态足迹。

从如上发行数字欧元的原因来看，在很多方面与我国的数字人民币有相同之处，都是作为现金的补充，更具效率性，有利于中央银行执行货币政策等。欧洲央行表明要促进数字欧元更广泛地应用，就是促进数字欧元国际化。

在欧洲央行公布关于数字欧元的调查问卷结果之前，欧洲央行以问答的形式进一步介绍了数字欧元。比如数字欧元与现金的关系、数字欧元与私人支付手段的关系、数字欧元发行后对银行业的影响、数字欧元相较稳定币和加密资产的优势、数字欧元是否基于分布式账本技术、数字欧元是否是欧元体系中的替代货币、消费者想要使用数字欧元的理由、非欧元区的央行在欧元体系前先发行数字货币该如何等问题。从如上这些公众关注的问题来看，与我国数字人民币大体相同，故不作赘述，只对数字欧元与稳定币、加密资产的关系以及非欧元区的中央银行先发行数字货币的答复进行介绍。因为第一个问题是央行数字货币与私人数字货币之间的联系与区别，第二个问题对于数字货币研究具有先发优势的我国来说，值得关注。

第一，数字欧元与稳定币、加密资产相比所具有的优势。（1）数字欧元是无风险货币，因为数字欧元由中央银行发行和支持。中央银行是唯一保证货币价值的机构，无论货币是实物形式还是数字形式。（2）数字欧元的设计将充分考虑公民的隐私，而稳定币、加密资产的稳定性和可靠性取决于各自的设计、商业模式、处理隐私和个人数据的个人框架。

第二，对于非欧元区中央银行可能先发行数字货币的看法。首先，数字货币的发行并不是竞赛或竞争，因为主要的中央银行都在研发；其次，20国集团（G20）在货币问题上已经形成合作的共识；再次，彻底性和安全性要比发行速度更重要，数字欧元需要中央银行与私人银行建立一定的基础设施，适用于所有人的、能够保持稳定的系统；复次，欧洲央行与其他央行合作以了解数字货币对各经济体的影响，学习国外的经验；最后，欧洲央行研究的数字欧元作为自治和主权的问题，要满足公民需求、依赖欧洲的支付选择。

（三）新加坡金融管理局与加拿大央行：批发型央行数字货币的研发与合作

1. 新加坡 Ubin 项目

Ubin 项目是由新加坡金融管理局领导的行业项目，使用数字新加坡元成功地试验了区块链技术，用于银行间批发支付和结算。星展银行、摩根大通和淡马锡将根据 Ubin 项目的调查结果，联合开发一个多货币支付网络。

新加坡金融管理局与新加坡银行协会于 2017 年 10 月 5 日宣布开发了分布式银行间支付和结算的软件模型，是 Ubin 项目的第二阶段。该项目探索使用分布式账本技术（俗称区块链技术）用于支付以及证券的清算和结算，最新模型实现了分布式与隐私的结合。进行该项目的目的是与其他央行合作使用分布式账本技术进行跨境应用。

根据新加坡金融管理局于 2019 年 5 月 2 日发布的新闻可知，新加坡金融管理局与加拿大银行成功进行了使用央行数字货币进行跨境和跨币种支付的实验。这两个央行已经成功地连接了各自的国内实验性支付网络，即 Jasper 项目和 Ubin 项目。**这两个项目建立在两个不同的分布式账本平台上。项目团队使用一种称为"哈希时间锁定合同"（HTLC）的技术来连接两个网络，并允许支付对支付（PvP）结算，不需要可信的第三方作为中介。**

新加坡金融管理局与淡马锡联合发布 Ubin 项目第五阶段成功完成的报告《Ubin 项目第五阶段：实现广泛的生态系统机会》（2020 年 7 月 13 日），提供有关构建的基于区块链技术的多币种支付网络原型的技术见解，描述该网络如何使金融行业和区块链生态系统受益。该报告有两个核心内容：一是**开发的多币种支付网络原型成功地在同一网络上结算了不同货币的支付**。以该支付网络原型为模型的国际结算网络，可以实现比传统跨境支付渠道更快、更便宜的交易。二是验证了在支付网络原型上使用智能合同的使用情况，例如使用私人交易所上的资产进行交付与付款（DvP）结算、有条件支付和贸易托管，以及贸易融资的支付承诺。支付网络原型的商业应用包括多币种的跨境支付、外币兑换、外币计价证券结算，以及与其他基于区块链的平台集成，以实现跨多个行业和用例的端到端数字化。

2. 加拿大 Jasper 项目

加拿大中央银行为了了解央行数字货币而开启了金融科技试验 Jasper 项目等。Jasper 项目是世界上第一次由中央银行与私人部门合作参与分布式账本技术（DLT）的试验，旨在了解分布式账本技术如何改变批发支付系统。根据加拿大中央银行官网公布的项目情况来看（截至 2021 年 1 月），Jasper 项目已经进行四期。

在 Jasper 项目第一阶段（2016 年 3 月启动），加拿大中央银行调查了分布式账本技术（DLT）在高价值银行间支付结算中的应用。加拿大中央银行在《Jasper 项目的初级读物》（2017 年 2 月 9 日）中指出，分布式账本技术是一种共享数据库，可以快速、更透明和更灵活的方式促进支付。加拿大支付公司（Payments Canada）推出了 Jasper 项目的研究计划，目标是更好地了解分布式账本技术如何改变加拿大未来的支付方式。Jasper 项目还调查了利用分布式账本技术支持加拿大银行账户结算和促进支付生态系统创新的机会。

在 Jasper 项目第二阶段，加拿大中央银行使用分布式账本技术的替代形式重建平台，以进一步测试这项技术在高价值银行间支付清算和结算方面的效率。加拿大中央银行在

《Jasper 项目：加拿大国内银行间支付结算分布式账本技术试验》(2017 年 9 月 29 日) 中指出，在第二阶段，项目团队成功地在后一个平台上构建了一个以中央队列形式存在的流动性节约机制（LSM），以帮助节约流动性并促进跨平台支付交易的日内顺畅流动。分析表明，采用第一阶段构建的"工作证明"共识协议的分布式账本平台无法提供核心结算系统预期的必要结算最终性和低运营风险；而第二阶段建立了一个分布式账本系统，该系统在"公证节点"的基础上采用了另一种共识模型，可以在结算最终性、可扩展性和隐私性方面提供改进。

在 Jasper 项目第三阶段，加拿大中央银行探讨了将"分类账上的现金"与其他资产（如外汇和证券）相结合的潜在好处。加拿大中央银行在《Jasper 项目第三阶段：使用分布式账本技术进行证券结算》(2018 年 10 月 22 日) 中指出，Jasper 第三阶段在早期阶段的基础上进行了扩展，将分布式账本技术生态系统从批发支付扩展到 TSX 上市股票的证券结算。得出的总体结论假设是，虽然分布式账本技术在提供效率改进的能力方面仍然值得期待，但要实现这些好处，可能需要大幅扩大分类账的覆盖范围，包括额外的资产、完整的交易和交易后生命周期。

在 Jasper 项目第四阶段，加拿大银行与新加坡金融管理局、英格兰银行合作，为下一阶段的试验开发跨境、跨货币结算系统。这项合作结合了 Jasper 项目和新加坡的 Ubin 项目，旨在利用分布式账本技术更快、更便宜地进行跨境支付。加拿大银行与英格兰银行、新加坡金融管理局共同发布了《跨境银行间支付结算：数字化转型的新机遇》。该报告是加拿大、新加坡和英国之间的跨司法管辖区的行业合作，旨在研究跨境支付时出现的现有挑战和摩擦。该报告讨论了三种可能的模式，前两种模式的基础是利用现有或传统技术增强国内银行间支付系统。在不改变基础代理银行模式的情况下，这两种模式可以满足一些（但不是全部）未来国家的能力；第三种模型考虑了基于发行批发型央行数字货币的三种变体。

在 Jasper 项目第四个阶段还有加拿大银行与新加坡金融管理局共同发布的报告《Jasper-Ubin 设计论文：使用分布式账本技术实现跨境高价值转账》。该报告指出，Jasper-Ubin 项目旨在确定，通过最近的技术创新是否有可能在未来的异构分布式账本平台世界中实现安全的跨境支付和其他优势。Jasper-Ubin 项目是一个基于技术的实验，通过一个原子交易，在两个分布式账本技术平台上基于"哈希时间锁定合同"支付加元—新加坡元，实现这种"全有或全无"的保证。亦即，哈希时间锁定合同使用智能合约来同步组成一个交易的所有动作，这样它们要么全部发生，要么不发生。

三、我国数字货币的跨境流通和国际合作

从上文介绍中不难发现，虽然我国在数字货币研究和测试中走在前列，但从目前来看，我国数字货币研究的先发优

势并未完全成为我国中央银行与其他中央银行合作的"筹码"。但这并不能否认我国为数字人民币走向国际作出的诸多努力。

（一）在数字货币跨境流通上的努力

1. 以本币为基础进行跨境金融服务

2020 年 7 月 15 日，中国人民银行上海总部召开 2020 年上海跨境人民币业务工作会议，其中，需要重点做好的工作就包括"坚持'本币优先'，着力扩大人民币在经常项目和直接投资中的使用规模"；和"不断提升跨境人民币结算便利化水平，为守法经营的企业提供高效便捷的跨境金融服务"；"充分发挥上海'桥头堡'优势，持续推动人民币在周边国家和'一带一路'沿线国家的使用"等。我国积极推动人民币国际化，利用数字货币促进人民币国际化，并不是要与其他国家进行货币竞争，而是从服务我国实体经济、为公众提供金融服务初衷出发的一种具体手段。维护国家货币主权与为公众提供普惠金融服务是相辅相成的，在利用数字货币促进人民币国际化上，二者还可视为一个事物的两个方面。

2. 粤港澳大湾区具有数字货币跨境使用的基础

2020 年 8 月 14 日，商务部印发的《全面深化服务贸易创新发展试点总体方案》提出，在京津冀、长三角、粤港澳大湾区及中西部具备条件的试点地区开展数字人民币试点。当前，在粤港澳大湾区已经开始了关于跨境移动支付的实践。

　　根据中国人民银行广州分行货币政策分析小组公布的《广东省金融运行报告（2020）》可知，2019 年累计办理跨境人民币业务中支持粤港澳大湾区内业务量是 2.3 万亿元，占广东省业务总量的 71.3%，占全国业务量的 11.8%。而且，移动支付工具在粤港澳大湾区内的使用同样值得关注。目前推广的是云闪付 App[①] 港澳持卡人服务、香港微信电子钱包跨境移动支付服务、支付宝香港本地钱包跨境条码支付服务，以满足粤港澳大湾区消费者在本地、回内地和跨境旅行中对移动支付服务的需求。不难发现，无论是云闪付 App，还是微信、支付宝支付，都已经开始了跨境支付业务，尤其是云闪付 App 就是集多种支付工具于一身的支付工具，与数字人民币有异曲同工之妙。

　　此外，在 2020 年 11 月 2 日，国家服务业扩大开放综合示范区中国（北京）自由贸易试验区国际商务服务片区顺义组团推介会上，北京市金融监管局党组书记、局长霍学文指出，北京市金融监管局将进一步突出数字经济时代特点，促进金融与文化创意、科技创新等产业融合，助力数字贸易、跨境电商、文化版权交易等现代服务业提质增效，**在空港区域积极推广数字货币跨境支付等金融科技应用场景**。

　　我国已经在积极推动人民币国际化；同时，也在研究和测试数字人民币在跨境支付中的应用。我国积极探索数字人

[①] 云闪付 App 是在中国人民银行指导下，由中国银联与商业银行、支付机构等共同开发建设和维护运营的非现金收付款移动交易结算工具，自 2017 年 12 月 11 日发布至今用户已经超过 3 亿。

民币的跨境应用并非是要通过数字货币进行货币竞争，正如
2021 年 1 月 28 日举办的世界经济论坛"达沃斯议程"在线
对话会上，IMF 前副总裁朱民还发表了关于数字货币是否
参加货币竞争的态度："我们对人民币国际化没有什么计划，
也从没想用以债券或其他货币工具与美元竞争。无论是在经
济理论还是实践中，货币竞争都是一个非常模糊不清的概
念。所以我不认为数字货币会向着货币竞争方向发展。"相
反，我们关注数字人民币的国际合作。

（二）在数字货币国际合作上的成果

1. 与 SWIFT 合作，促进国际数字货币标准和规则的建立

在 2021 年 1 月 16 日，环球银行金融电信协会（简称
SWIFT）与中国人民银行直属的清算总中心、跨境银行间
支付清算有限责任公司（CIPS）、央行数字货币研究所以及
中国支付清算协会，共同在北京成立了**金融网关信息服务有
限公司**。这意味着我国数字货币将会依托覆盖全球的国际支
付清算报文传送基础设施，与其他国家开展关于数字货币的
合作。

习近平总书记在推动全球合作时提出推动构建"人类命
运共同体"的理念。尤其是在 2020 年新冠肺炎疫情席卷全
球的背景下，数字经济获得进一步发展，而数字货币将有机
会成为国际数字经济快速发展的催化剂和工具。我国数字货
币与 SWIFT 合作其实正是践行"人类命运共同体"理念的
写照。各国研发的数字货币在 SWIFT 网络上运行，由多国

共同参与并继续支持 SWIFT 发挥跨国支付报文传送功能，建立起基于 SWIFT 的国际社会共享，并能与不同国家的国际支付清算账户体系（如我国的 CIPS、美国的 CHIPS）连接，是维持当前国际货币制度、尊重各国货币主权的可选之路。

我国数字货币的研发处于国际领先，如今已从概念设计到试点验证阶段。众所周知，我国是人口大国，各地经济发展参差不齐，数字货币在不同地方的试点也是检验我国数字货币能否在复杂的经济环境中正常运行的具体体现。我国与 SWIFT 在清算、跨境支付、数字货币等方面进行合作，在为跨国支付清算报文传送与处理中贡献中国数字货币在相应领域里已有实践的标准、规则，在国际组织层面推动国际数字货币发展，而非"另起炉灶"绕过已有的国际组织来形成维护本国利益或特定国家利益的新的数字货币区域组织。

2. 联合发起多边央行数字货币桥研究项目

根据中国人民银行官网 2021 年 2 月 24 日公布的消息"中国人民银行数字货币研究所加入多边央行数字货币桥研究项目"可知，中国人民银行数字货币研究所与香港金融管理局、泰国中央银行、阿拉伯联合酋长国中央银行联合发起多边央行数字货币桥研究项目（m-CBDC Bridge）以探索央行数字货币的跨境支付应用。该项目研究利用分布式账本技术实现央行数字货币对的跨境交易全天候同步交收（PvP）结算和本外币兑换。从该资料不难看出，多边央行

数字货币桥研究项目与新加坡 Ubin 项目、英格兰银行开启
的央行数字货币研究等殊途同归，都是国家间合作利用分布
式账本技术进行央行数字货币的跨境支付和兑换，提高交易
效率和交易透明度、降低交易成本。也不难猜测，多边央行
数字货币桥研究项目在跨境资金调拨、国际贸易结算和外汇
交易应用的央行数字货币，以零售型央行数字货币为基础，
不排斥批发型央行数字货币的应用。

3. 北京冬奥会是数字货币试点的一个宣传契机

关于在北京冬奥会进行试点的计划早已公布，这是目前
公开的关于数字货币试点的最晚的时间点，故而也被认为在
北京冬奥会进行数字货币试点后可能会发行数字货币。无论
数字货币是否在北京冬奥会结束后正式发行，一个无可辩驳
的事实就是，数字货币在北京冬奥会期间进行测试，本身就
是一个向世界宣传我国数字货币、进一步测试我国数字货币
的一个重要契机。当然，当初宣布在北京冬奥会进行数字货
币试点也是一个对国内外宣传数字货币的"广告"。

北京冬奥会的举办时间是 2022 年 2 月 4 日至 2022 年
2 月 20 日，在距离北京冬奥会开幕倒计时一年的时候，北
京市东城区政府启动了"数字王府井冰雪购物节"数字人民
币试点活动。此次数字人民币试点无疑为北京冬奥会数字货
币试点做了"预热"。在北京冬奥会举办期间，除了国内外
运动员外，还会有大量观众，将会带动当地的经济增长，对
支付服务有着需求。可想而知，用数字货币进行支付，可以
在更加多元的消费者群体中测试。这次测试将在一定程度上

反映出不同消费者群体的支付习惯、对我国数字货币的接受程度等。从这个角度来看，北京冬奥会作为我国数字货币的试点，的确是一个向国外宣传我国数字货币的机会，是数字货币在不同场景中应用并能服务我国实体经济的特殊机会。

但同时应注意，我国的数字货币由中央银行统一管理，我们的交易信息也将会由中央银行监控，那么，外国人是否会认为数字货币在匿名性上低于现金，而对数字货币有所抵触。当然，我们都清楚地知道，即便是去中心化的比特币具有匿名性，仍然"有迹可循"。要承认数字货币的匿名性低于现金，但央行数字货币与私人数字货币之间的匿名性程度无所谓孰优孰劣，匿名性程度取决于设计数字货币所要实现的目标之间的考量与均衡。匿名性与隐私保护为研发央行数字货币的中央银行所关注。

后 记

作为法学界的一名新兵，没想到我可以写成一本关于数字货币的通识读本。但细细想来，我与数字货币有着特殊的缘分。2009年初，比特币正式问世，我在这一年开始了法学专业的本科学习；2013年比特币价格犹如过山车一般，国内刮起了比特币的热风，我在这一年开始攻读法学硕士学位；2017年国内首次代币发行（ICO）将国内私人数字货币的发展推向高潮，终于，在这一年年底，我的老师汤啸天教授向我介绍了区块链技术，这是我第一次听说比特币。然而，当时我并未有兴趣作关于区块链技术、数字货币的法学研究。与"对的人兜兜转转总会相遇"相似，我在攻读博士学位期间有幸获得去新加坡管理大学法学院交换学习的机会。在2018年，我共参加了二十余场关于区块链、数字货币的学术和路演活动，从区块（block）、链（chain）、比特币（Bitcoin）、去中心化（decentralised）等英文单词一个个学起，了解其中的技术原理，逐渐对数字货币产生了浓厚的兴趣。兴趣是最好的老师，也给我带来了最大的动力。在与我的博导郑戈教授沟通后，我确定以《法定数字货币发行权》作为我的博士论文选题，而这成为本书《数字货币与日常生活》写作的前提。特别需要说明的是，本书并没有直接使用我博士论文的成果，在与我的博士论文完全不同的维度上，进行了一种全新的探索与尝试。

做一个"读者友好型"的作者，要将充满技术色彩，甚至被一度认为具有"诈骗、传销色彩"的数字货币讲清楚并非易事。在写这本书时，我尽量以数字货币、区块链等有关的技术原理为基础，力求读者能够看懂的前提下进行介绍，让读者对数字货币有所了解和感悟。当然，无论是区块链技术还是数字货币，始终都在发展变化中，本书不可能穷尽数量庞大的私人数字货币，也无法窥探不同中央银行在央行数字货币研发中的技术路径。我需要坦率承认的是，书稿中不排除有个人理解上的偏差，但我是认真、谨慎的。我希望本书是读者走入数字货币世界的"敲门砖"，冷静看待私人数字货币投资，理性关注央行数字货币的发展，以便读者更准确地了解数字货币的来源、私人数字货币与央行数字货币的区别、我国数字人民币发展与试点情况、国际上央行数字货币的研发现状等。

更具体地说，我主要完成了关于数字货币介绍与解读两项工作，希冀每一位读者在阅读过程中能够找到专属于你自己的阅读版本，找到自己对数字货币的兴趣点。我不敢说我的解读一定准确，但我愿做这样的"趟路人"。我有三个"告诉"想送给读者：一是本书既对相关原作作出解读，也列明了原作，无论是二者结合还是二者择其一阅读，总归会让你有所收获；二是为数字货币研究者找到自己的研究切入点，希望关于数字货币的某些表述能够启发你的思考；三是介绍了数字货币未来的发展路径，数字货币的发展已是大势所趋，怀疑、抵触的情绪并不会阻挡数字货币发展潮流。在科学探索的路上，我不敢说自己是"探索者"，我在这本书中所做的工作就是为前人已有的关于数字货币的探索作出标记，以帮助后来的探索者加入探索的行列。正是出于如上考量，本书是我在查找大量相关资料基础上，完成的一本新的关于数字货币的著作。虽然写作时间有限，但为使读者能够找到相关资料的出处，我对书中提到的中英文文献都作了明确的说明。

本书的基本思路是：以数字货币的"昨天""今天""明天"梳理了数字货币从何而来——我国数字货币的发展——数字货币的国际合作。囿于篇幅，本书在"数字货币的国际研发与合作"部分笔墨相对较少，这并不是说国际上数字货币的发展动态不重要，反而是想告诉读者，即便是央行数字货币进入试点阶段，国内和国外的央行数字货币仍有发展空间，需要我们持续关注。几个中央银行联合研发央行数字货币并进行相关实践，除了表明央行数字货币的研发更多需要的是国际合作外，恰恰反映出央行数字货币相较于传统货币，也就是现金的一个突出特点：央行数字货币具有跨境流通属性，只不过其发行后往往代表一国主权，故而需要在尊重彼此货币主权的前提下进行央行数字货币跨境应用的实践与合作。

即便基于区块链技术诞生的数字货币已出现十年之久，但我们不得不承认数字货币研究是非常新的领域。在刚刚破土的幼苗向参天大树成长的过程中，一定会有我们意想不到的曲折，其成长速度与扩展深度也可能让我们始料不及。我作为数字货币的初学者，正在与这个新学科共同成长。在数字货币诞生之初，我们无法预测到数字货币的发展方向，但已有的事实表明，数字货币有着多方向发展的可能，意想不到的发展会让数字货币这棵大树枝繁叶茂，在曲折多变中展示其茁壮之美。

我们可以看到，数字货币正深扎在数字时代的肥沃土壤上，在长出私人数字货币这根主要枝干后，又继续不断长出不同类型的私人数字货币的小枝干，其中以比特币、以太币、莱特币、天秤币等小枝干最为突出；在中央银行加入数字货币研发后，这棵大树上又长出足以与私人数字货币相当的央行数字货币枝干。因为各国对数字货币的需求和要求不同，而又会进一步长出以零售型央行数字货币和批发型央行数字货币为主的小枝干。这些关于数字货币的分叉枝干并非各自生长，也并非"有你没我"的淘汰式竞争。恰恰相反，各枝干间呈现曲折缠绕的多姿态生长：某个私人数字货币可以兼具多个私人数字货币的不同属性，中央银行同时研发零售型与批发型央行数字货币，不同中央银行在进行央行数字货币间的跨境应用合作，央行数字货币与私人数字货币之间也搭起了桥梁。我们看到的正是数字货币这棵大树成长的蓬勃生机、无限可能，留给我们学术研究的广阔空间。

这本书的出版离不开恩师郑戈教授、汤啸天教授一直以来的指导与提携，离不开上海人民出版社各位老师的支持与帮助，离不开国内外给予我研究数字货币诸多便利的各位师友，在此一并致谢！特别感谢的是，上海政法学院校长刘晓红教授、华东政法大学人工智能与大数据指数研究院院长高奇琦教授为拙著作序，体现了他们对学术后生的提携，也为我增添了新的智慧和动力。

本书是我走上工作岗位后的第一本著作，也是跨学科研究的一次尝试。错谬之处，请读者不吝赐教。

我愿与新兴学科共同成长，我愿与不同专业的学者携手并进！

图书在版编目(CIP)数据

数字货币与日常生活/李晶著. —上海:上海人
民出版社,2021
ISBN 978 - 7 - 208 - 17165 - 7

Ⅰ. ①数… Ⅱ. ①李… Ⅲ. ①数字货币-研究 Ⅳ.
①F713.361.3

中国版本图书馆 CIP 数据核字(2021)第 103826 号

责任编辑 冯 静
封面设计 一本好书

数字货币与日常生活
李 晶 著

出 版 上海人民出版社
 (200001 上海福建中路 193 号)
发 行 上海人民出版社发行中心
印 刷 上海商务联西印刷有限公司
开 本 635×965 1/16
印 张 14
插 页 4
字 数 149,000
版 次 2021 年 6 月第 1 版
印 次 2021 年 6 月第 1 次印刷
ISBN 978 - 7 - 208 - 17165 - 7/D · 3781
定 价 58.00 元